EN BREVE CÁRCEL

NUEVA NARRATIVA HISPÁNICA

SEIX BARRAL

BARCELONA ● CARACAS ● MÉXICO

SYLVIA MOLLOY

En breve cárcel

Cubierta:
*Mujer arrodillada con los instrumentos
de la Pasión*, de Miguel Ángel

Primera edición: noviembre de 1981

© 1981: Sylvia Molloy

Derechos exclusivos de edición en castellano
reservados para todo el mundo:
© 1981: Editorial Seix Barral, S. A.
Tambor del Bruc, 10 - Sant Joan Despí (Barcelona)

ISBN: 84 322 1397 7
Depósito legal: B. 20.122 - 1981

Printed in Spain

Para Ann

En breve cárcel traigo aprisionado,
Con toda su familia de oro ardiente,
El cerco de la luz resplandeciente,
Y grande imperio del amor cerrado.

QUEVEDO
"Retrato de Lisi que traía en una sortija"

Sola, sin que me vean; viendo yo todo tan quieto,
allá abajo, tan hermoso. Nadie mira, a nadie le
importa. Los ojos de los otros son nuestras prisio-
nes; sus pensamientos, nuestras jaulas.

VIRGINIA WOOLF
"Una novela no escrita"

PRIMERA PARTE

I

COMIENZA a escribir una historia que no la deja: querría olvidarla, querría fijarla. Quiere fijar la historia para vengarse, quiere vengar la historia para conjurarla tal como fue, para evocarla tal como la añora.

El cuarto donde escribe es pequeño, oscuro. El exagerado cuidado de algunos detalles, la falta de otros, señala que ha sido previsto para otro uso del que pensaba darle; de hecho para el que ocasionalmente le da. Cuarto y amores de paso. No hay bibliotecas —dijo—, no hay mesa para escribir y la luz es mala. Suplió esas deficiencias y ahora libros y lámparas la rodean, apenas eficaces. Sabe con todo que la protegen, como defensas privadas, marcando un espacio que siempre llamó suyo sin hacerse plenamente cargo de él. Como máscaras la ayudan: adentro, para salir de ella misma; afuera, para protegerse de los demás.

Siente la necesidad de empujar, de irritar, para poder ver. Escribe hoy lo que hizo, lo que no hizo, para verificar fragmentos de un todo que se le escapa. Cree recuperarlos, con ellos intenta —o inventa— una constelación suya. Ya sabe que son restos, añicos ante los que se siente sorda, ciega, sin memoria: sin embargo se está diciendo que hubo una visión, una cara que ya no encuentra. Encerrada en este cuarto todo parece más fácil porque recompone. Querría escribir para saber qué hay más allá de estas cuatro paredes; o para saber qué hay dentro de estas cuatro paredes que elige, como recinto, para escribir.

13

Suele aplicarse a los límites y a los vacíos. Un texto le propone inmediatamente la fisura, la duplicación, la promesa de un espacio intermedio, limbo donde la vaguedad persiste suspendida, sitio abismado por lo que lo rodea. Así es su vida y así fue su infancia: nada mágica, tampoco atroz, un mero lugar provisorio. Ni proyectada hacia un futuro de adultos, ni aferrada a la nostalgia de un paraíso, ve su infancia poblada de disfraces —el que arma con ropa de su padre, grotesco y divertido— y de largas contemplaciones, disfrazada o no, entre espejos enfrentados. Manía de desdoblamiento y de orden, según series interminables. Recogía las bolitas que se les escapaban a los chicos del colegio de al lado (a quienes espiaba) y que caían en su jardín: las atesoraba, con ellas pasaba horas organizándolas en fila. Marcaba siempre del mismo modo el comienzo de la serie: con un ágata, mucho más linda que las otras. No olvida ese rito como tampoco olvida los espejos enfrentados: la última vez que estuvo en esa casa donde pasó su infancia se miró en ellos una vez más; comprobó que ya no permanecían exactamente paralelos, como ella lo esperaba, que una de las puertas del ropero, sin duda combada por los años, tendía a cerrarse.

Recuerda el comienzo de esta historia, pretende deslindar un itinerario antes de que suceda otro hecho —un hecho que se añada simplemente a la serie, un hecho que la cambie, un hecho que la trunque. La historia empezó hace tiempo, en el mismo lugar donde escribe, en este cuarto pequeño y oscuro. Alguien que no la conocía, a quien ella tampoco conocía, la esperó en este cuarto una tarde como ella espera ahora, con la misma incertidumbre, a alguien que está por llegar. (Ya sabe de manera definitiva que entre la persona que se cree conocer y la persona nueva no hay diferencia: que dentro de un momento, si llega la persona esperada, será de nuevo —para ella— desconocida.) Mientras espera escribe; acaso fuera más exacto decir que escribe porque espera: lo que anota prepara, apaña más bien un encuentro, una cita que acaso no se dé. Empieza a hacerse tarde.

Ha dado cita, en este cuarto, a una persona; en el mismo cuarto donde a ella, una vez, le dieron cita. Este recinto, se dice, está destinado a la espera. ¿Escribiría la mujer que la había citado aquí mientras la esperaba? Cree recordar que había una máquina de escribir, papeles. ¿O estará viendo sólo los suyos, apilados en desorden —lo que no logra escribir— junto a su máquina, siempre en estado de espera? No importa de quién son los papeles. Lo que sí recuerda son las preguntas de la mujer que la esperaba aquí y cuya espera de algún modo repite. Las recuerda —eran preguntas distantes, superficiales— como recuerda sus ojos, grises y huidizos; recuerda haber pensado también que se iba a enamorar de esa mujer, recuerda la nitidez con que previó el sufrimiento y la humillación. *"Vous n'étiez pas bien dans votre peau"*, le dijo la mujer, bastante más tarde, de aquel encuentro.

Hace tiempo que vio este cuarto por primera vez; pensó que no volvería a verlo. También prefirió pensar que no volvería a ver a esa mujer que la había esperado: la evitaría si se cruzaran de nuevo. El comentario que le hizo no la sorprendió. En efecto se sentía, como se siente ahora, en discordia con su piel, límite precario que no alcanza a darle forma. Se mira las manos: comprueba la verdad del lugar común al ver dedos despellejados, mordidos hasta la sangre. Mal en su piel, mal con su piel, irritada con esa apariencia llena de fallas, de grie-

tas. De chica la impresionaban mucho más que los esqueletos
—que siempre le parecían cómicos— esos cuerpos que ilustran
el sistema muscular en los diccionarios. Más de una vez ha soñado con despellejamientos, con su propio despellejamiento.
Por ejemplo, se ha desdoblado, queda como una corteza pero
no se ve, ve en cambio a un muchacho enfermo que tiene de
la cintura para abajo el cuerpo despellejado, y a ella le ha tocado conservar la piel inútil de él. El muchacho de su sueño
no tiene pies, tiene muñones, no puede caminar, se cae y llora
roncamente; entonces ella teme que se muera, teme también
que le vean las piernas llagadas, se apresura a levantarlo. Pero
no logra hacerlo porque cambia la escena. Cuando ve la fu-
sión de los dos, del despellejado y de ella misma que se ha
quedado con la piel inútil, aparece un escenario: dos figuras
bailan, representando los dos papeles y ella, ya espectadora,
no se siente afectada.

La circularidad la impresiona, el hilo, siempre igual, que
va dejando atrás. Mal protegida por su piel ineficaz recorre
los mismos lugares, repite las mismas conductas. Hoy está en
un lugar —en uno de los lugares— donde la lastimaron, en
este cuarto conocido del que renegaba en el recuerdo.

En otra ciudad, y un año después del primer encuentro
en este cuarto, volvió a ver a la mujer que la esperaba aquí y
no pudo evitarla. Con ella volvió a aprender la zozobra, la
angustia del que quiere y lo dice, invitando al otro para que
destruya. También volvió a aprender los celos, el odio y el
deseo, la necesidad —nunca satisfecha— de la venganza. Hoy,
en este momento mismo, retiene de aquella mujer dos únicos
gestos de ternura. Una mañana, creyéndola dormida, le besa
los párpados. Otra vez, en el probador de una tienda y en vísperas de un viaje, la mujer la acaricia y le pide que se vaya
rápido. Pero de pronto recuerda un tercer gesto. Un día, un

domingo, salieron a almorzar. Había nevado mucho, en el campo hacía frío. Cuando volvían en el automóvil se sintió muy triste. Ella conducía; la mujer —Vera: ¿por qué le cuesta nombrarla?— dejó caer la cabeza sobre su falda. Cree que no hablaron. Se emociona ante el recuerdo de ese tercer gesto, aparecido mientras escribía las dos ternuras que pensaba únicas.

Pero también recuerda una larga noche de humillación cuando se la relegó a otro cuarto y le fue dado oír, con la precisión que acusa la pasión irritada, los más mínimos detalles de un acto de amor. Quiso morir, juró vengarse y sólo atinó, al día siguiente, a rechazar un desayuno que se le ofrecía. Le gustaría pensar que fue un gesto definitivo, que nunca más comió con Vera, pero sabe que no fue así. Volvió a verla y una noche conoció a su nueva amante, de quien más tarde se enamoraría. Era Renata, la persona a quien ha esperado toda esta tarde, la persona que acaba de llamarla para decirle que hoy ya no podrá venir.

En el cuarto en que escribe tendría que sentirse ahogada pero no es así. Llegó a esta ciudad hace pocas semanas. Cansada de vivir en hoteles se dedicó a buscar un sitio estable y un periódico le deparó lo odioso: un lugar que conocía, donde había vivido horas que creía borradas. La dueña con quien trató (si intenta fijar al personaje sólo recuerda la sonrisa ávida, los pesados eslabones de una pulsera, el peinado muy sucio y complicado) menciona al pasar el nombre de Vera, y ella se detiene ante un desafío; sin revelar que conoció a Vera antes, en este mismo cuarto, decide quedarse. Por temeridad, acaso por cansancio, sin duda también por deseo: quiere volver a vivir en este apartamento exiguo pero ya sin Vera las etapas de una amargura que empieza a desteñirse. Al mismo tiempo quiere transformar ese lugar mínimo y difícil, llenarlo de sí para hacerlo por fin suyo. Siente que entrar en este cuarto, o salir de él, implica una verdadera decisión, un riesgo. Al mirar las paredes tapizadas de marrón verdoso, un color marcial que jamás hubiera elegido, recuerda fantasías de infancia. Una —que cree haber compartido con su hermana— fabricada por las noches en la cama, antes de dormirse. La cama era un lugar recluido y propio: un barco en la tormenta, en medio del viento, o una cama dentro de una casita, dentro del mismo dormitorio. (Levantaba paredes alrededor de la cama, porque pocas eran las veces en que su cama era un barco en la tormenta; a las paredes añadía ventanas y una puerta, imaginaba un techo. Y entonces, a partir de esa casita, poblaba el resto del cuarto, que era el resto del mundo: con plantas, con pájaros, con un cielo azul, todos de acuarela.) La otra fantasía se sitúa en el baño, en un baño viejo del que recuerda los mosaicos muy chicos, hexagonales. Se imaginaba condenada a vivir para siempre allí, preveía maneras de subsistir: la bañadera sería una cama, se taparía con toallas, comería jabón, pasta de dientes, bebería jarabes. Nadie, pero nadie, la molestaría.

Mira una vez más el cuarto en que vive, piensa que está bien mientras logre seguir escribiendo. De ninguna manera ha tenido aquí la sensación de estar en un ataúd, experimentada tantas veces en otros cuartos, al despertarse en medio de la noche. De ninguna manera. (Pero piensa, sí, que ha tenido ganas de fugarse, de abandonarse, cuando no escribe. Este cuarto tiene una ventana desproporcionadamente grande, también un sólido balcón de hierro al que a menudo añade una soga —tanto para el balcón, tanto para mi cuello— cuando se siente desamparada.)

18

La historia que pretende narrar se ha alterado. La alteraron el llamado de la mujer que hoy ya no vendrá y los menudos hechos que pueblan el intervalo, que separan ese llamado de esta frase. Escribía con furia y con curiosidad; ahora escribe porque no sabe qué hacer, se exaspera porque no sabe adónde irá a parar este relato, de pronto informe. Había pensado escribir una historia de celos en el espacio marcado por una espera, con plena conciencia del truco que empleaba, con conciencia —además— de los límites que preveía para esa espera. También tenía conciencia del truco en aquellas fantasías de la cama, del baño; se pregunta si la imaginación voluntariosa, nada mágica, que intervenía en esas invenciones no era parte principal del placer que le procuraban. Lo malo es que ahora la han tomado desprevenida; no pensaba que tendría que volver a inventar.

La mujer a quien esperaba no viene. Querría describirla, evocar el primer encuentro hace cuatro años en casa de Vera, en pleno centro de aquella ciudad sofocada por la nieve. Ciudad que no nombra por ahora, que acaso no nombre: en cada nueva copia de este texto propone geografías vagas, una latitud frígida aceptable, un invento nevado que no la convence, que tacha. Querría no nombrar, por coquetería, con desenfado. Sabe que nombrar es un rito, ni más ni menos importante que la inscripción de una frase trivial. Pero también sabe que los nombres, las iniciales que había escrito en una primera versión, han sido sustituidos; la máscara del nombre que recuerda, del nombre con que dijo, con que creyó que decía, ha sido reemplazada por otra, más satisfactoria porque más lejana. Se pregunta por qué disimula nombres literalmente insignificantes cuando pretende transcribir, con saña, una realidad vivida.

Recuerda una conversación con un amigo. Le reprochan haber escrito seres reconocibles, traducibles: él tiene miedo, rechaza la idea de que la novela que ha escrito integre la realidad no como objeto sino como relación vivida. Cuando lo oyó hablar se sintió tocada, se dio cuenta de que ella también corteja un espacio intermedio: reconoce que al transcribir ordena y se permite cambiar nombres pero pretende dilucidar, en un plano que sabe de antemano inseguro, un episodio cuyas posibilidades ignora, cuyos antecedentes fluctúan, y que querría definitivo. Manoseo, toqueteo circunstancial: ronda, alude, para no nombrar con nombres reales —los que usa la realidad, los que ahora ha disimulado—, apenas roza lo que se le escapa. Fantasea esas huidas como creaba las fantasías de la infancia, las ficciones controlables.

Para que Renata viniera, y porque Renata no ha venido, ha empezado a escribir. Nunca logró describirla, lo intenta, no lo consigue. Relee sus papeles, encuentra cartas, notas. Sabe por otra parte que Renata también guarda sus cartas y que esta historia, en una de sus versiones, ya ha sido escrita.

Al anotar esta realidad la empobrece, la destiñe. Alguien le dijo una vez: "Escribo sobre mí porque soy la persona más interesante que conozco". Querría decir lo mismo pero suena falso. Sin embargo se escribirá, una y otra vez, sin punto fijo, sin personaje fijo, sin saber adónde va. Se pregunta si es miedo o impotencia, si teme morirse escribiendo —incrustar una anécdota y luego desaparecer— o si, de manera más directa, no consigue escribir. Sigue rondando una misma grieta, marcando los perfiles de un mismo vacío. Cuando no encuentra asidero repasa papeles viejos archivados en una carpeta amarilla que compró cuando era estudiante. Hay poemas, también sueños. Uno que soñó hace mucho, que hoy rescata, que siempre le gustó, quizás por la intensidad con que soñó esas superficies lisas. Tres mujeres jóvenes, rubias, muy grandes, en un campo de pastos muy altos. Las mujeres irradian luz, la claridad de la escena es total y perfecta. Llevan túnicas blancas, cruzadas por una diagonal roja y bastarda, buscan el mar. Se dirigen a ella para que las oriente. La contrafigura se da dentro del mismo sueño. Se ve en una playa desierta, al final del verano, cuando sólo quedan los postes de los toldos. Sobre la arena, muy cerca del mar, ha quedado un remo, tótem enorme con un cuerpo monstruoso de pájaro tallado en un extremo. Los pocos veraneantes que quedan se atreven a acercarse, ella no: se refugia en un automóvil, pide que la lleven a otra parte. Guarda las imágenes —este sueño, por ejemplo—, las busca de vez en cuando, las contempla, se las repite, cree, sin alterarlas demasiado. Se resguarda en sus intervenciones, aun en los sueños: esta vez sí, esta vez no. Monstruos todos.

Pero Renata no viene, no vendrá. A pesar de que escribe con rabia algo en ella agradece esa ausencia; de haber venido Renata hubiera habido discusiones, discusiones que son siempre la misma discusión, la misma palabra circular que se cierra todas las salidas y que impide el descanso. Porque también Renata elige lo vago, la falta de límites. Su fervor por la ambigüedad la exaspera, no tolera esa fluctuación incesante que sólo se detiene (y se refugia) en la arrobada contemplación de sí misma. Renata se mira: es Renata cuando se mira vivir. Ella en cambio se ve reflejada: o exagerada, o acusadora. Recuerda unas vacaciones difíciles, como casi todos los momentos que ha pasado con Renata. Tenían un cuarto que daba al mar, en un primer piso; en el rellano de la escalera había dos espejos enfrentados. Renata, tanto al subir como al bajar, se

21

miraba en ellos: en uno, en otro, en los dos juntos. Cuando ella descubrió la maniobra empezó a espiarla, buscando la excepción dentro de ese rito, sabiendo muy bien que no ocurriría. Ella también se buscaba en esos espejos, de manera distinta, fingiendo desgano y como para corregir, para imponer un orden, no sabe cuál. En todo caso el orden que pretendía y aún pretende justificar ante Renata (¿con qué palabras? ¿con qué argumentos?), el orden que quiere imponer al sentir la amenaza de una vaguedad compartida, de un vacío que invada el suyo.

De pronto piensa en conversaciones con Vera. El placer que sentía Vera al contarse, ante ella, ante los otros: la seguridad con que se ofrecía como ficción. Relato urgente, necesario, indiscutible: atroz (la infancia: pero no se la escuchaba por eso), patético (el abandono amoroso: pero no se la escuchaba por eso), sórdido (la venganza mezquina: pero no se la escuchaba por eso). Relato que se deleitaba en sí mismo, piel que había logrado componerse. Y ella pasiva ante ese relato, a menudo irritada, buscando la pausa que le permitiría entrar, introducir su propio relato, componer su cara, detener las palabras ajenas de Vera, obligarla a mirar: quería defenderse de la agresión que veía en esas anécdotas que se le brindaban, donde hasta la indecisión era compacta, impenetrable.

Ya habló de venganza, de una venganza amorosa que nunca logró cumplir con Vera, que a veces —muchas veces— añora, que acaso esté cumpliendo en este recinto que aceptó con ironía y del que quiere desterrar el pasado. Vera: recuerda haberla acusado una vez por teléfono (ya apenas se veían) de su total indiferencia por los otros, por ella: por las palabras suyas que nunca cabían, que nunca lograban horadar el monólogo de Vera. Le dijo: "Hace tiempo que dejé de hablarle de mis cosas porque la preocupan demasiado las suyas". Quiso ser agresiva, sólo acusó su propia derrota. Ahora sabe que los relatos de Vera, como aquel acto de amor cuyos mínimos susurros oyó y aun recuerda, la excluían. Los relatos de Vera, como la superficie de sus sueños, son intocables.

Y Renata, a quien esperaba, no viene.

Desde su ventana mira para afuera. Ve, más allá de un patio, una fachada sin duda igual a la de la casa donde se protege. Recuerda un cuento que lee con frecuencia en el que un adivino de catorce años ve el destino en las ventanas como si fueran naipes; siente, como aquel personaje, la necesidad de regalar a otro su destino mientras no le parezca extraordinario. Mejor: siente simplemente la necesidad de regalar su destino. Lo que ve en las ventanas no es suyo, la niega. ¿Por qué esa vocación por la mirada? Mirarse en otros, en espejos, en ella misma, lleva a tan poco. Regalaría, si no su destino, por lo menos sus ojos, aunque quedara desamparada. Una vez, cuando oyó hablar a un ciego, le tuvo envidia. Pensó que sólo así podría hablar ella, componer su imagen: la mirarían pero ella ya no podría mirar.

Una clave, un orden para este relato. Sólo atina a ver capas, estratos, como en los segmentos de la corteza terrestre que proponen los manuales ilustrados. No: como las diversas capas de piel que cubren músculos y huesos, imbricadas, en desapacible contacto. Estremecimiento, erizamiento de la superficie: ¿quién no ha observado, de chico, la superficie interior de una costra arrancada y la correspondiente llaga rosada, sin temblar? En ese desgarramiento inquisidor se encuentran clave y orden de esta historia. Por un lado, intenta desmontar un itinerario que se inició aquí doblemente: cuando vio por

23

primera vez a Vera, hace cinco años; cuando regresó hace poco a este cuarto sin quererlo y empezó a rehacer su vida, con la urgencia del recuerdo. Por otro lado, intenta armar otro itinerario alrededor de Renata, la mujer que no ha venido, la mujer que logró desprender de Vera. Por fin —y de manera oscura— tiñe esos dos lados con una infancia que evitaba, de la que creía que no hablaría y de la que evidentemente quiere hablar. Poco queda para mí, se dice, ante el abarrotamiento de este camino trazado. No ve claramente el nexo entre Vera, Renata y su infancia, no cree, en el fondo, que ese nexo exista. Sólo sabe que por el momento —poco queda para mí— habrá de anotar esas tres líneas que quizás más adelante se combinen, que quizás más adelante revelen, como las capas de piel en el libro de anatomía, el sistema de su imbricación.

Sabe otra cosa: que no escribe para conocerse, que no escribe para permanecer, que no escribe para hacerse daño. A medida que avanza se desdibuja en estas historias, se ve sentada ante una mesa absurdamente chica ante un cielo absurdamente azul: se ve escribir. El destino que regalaría, como el adivino de catorce años, ya lo ha regalado: a Vera, a Renata, a su infancia, a lo otro. Las ventanas que mira desde la suya son espejos borrosos ¿quién podría verse en ellos? Ni siquiera intenta adivinar su cara, tocar un perfil. En realidad no ha regalado su destino, simplemente lo ha depuesto. Para no verlo se cortaría los ojos.

Fresias de invernadero sobre su mesa, fresias de su infancia que por fin han perdido el resto de perfume que las animaba. Y hoy no quiere hablar más de Vera, no quiere extrañar más a Renata. Otra cosa habría de darle este cuarto, vuelto de pronto lugar de penitencia donde tendrá que cumplir, sola, el exorcismo que se propone. ¿Para qué? Desvía una narración, se dice que la dilata para contarla mejor; por fin la posterga porque no la puede contar. Quisiera que estos trozos de relato fueran como los cuentos de Vera, mejores que los cuentos de Vera: imperturbables. Pero teme anotarlos porque sabe muy bien que le duele mucho contar esta historia.

II

¿Cómo es posible creer en una voz y luego negarla? Ahora recuerda sus primeras conversaciones con Renata, acaso —qué duda cabe— las recuerda porque Renata no ha venido a verla y porque necesita llenar este cuarto para disimular la ausencia. Las conversaciones con Renata: fue un momento en que Vera, como una divinidad intocable, iniciaba, en aquella ciudad helada, un nuevo y lento abandono. Ella observaba el espectáculo —Vera que dejaba a Renata, Renata que sufría como había sufrido antes ella por Vera— como si fuera una interminable ceremonia abierta a la que cada participante aportaba textos de su elección. Podría haber gritado *yo sé* —situándose de cada lado— pero no sabe gritar. Cuando sueña que grita o que pega es una parodia de agresión: su mano nunca llega a tocar al adversario y no salen gritos de su boca.

Con codicia vivió la huida de Vera. Curiosa, y también con simpatía, se acercó a Renata. Era invierno en la ciudad donde, un año después de conocerla en este cuarto, de nuevo había visto a Vera. Ciudad donde vivió días, semanas y meses —una vida: apenas exagera— a través de Vera. Donde Vera la rechazó; donde Vera también rechaza a Renata: Vera, perpetua viajante, opera simulacros de conquistas. Había vuelto el frío, los días eran grises y una vez más nevaba. Vera estaba de viaje, Renata sola.

Habría, supone, cierta complicidad en aquellas conversaciones entre ella y Renata: perezosas, casi rituales, en ellas se decía siempre lo mismo y se decía siempre algo más. Recuerda muy bien la casa de Renata, vieja, de madera gris, una mecedora en la que ella se sentaba y que parecía apoyar sus frases tímidas y lapidarias, el fuego, un gato y una perra lamentable y querida. ¿Qué decían? Hablarían de infancias, intercambiarían figuras. Retiene claramente un gesto de Renata: cuando la escuchaba se llevaba el pelo, muy largo, para atrás, sujetándolo por un momento entre las manos. Luego, al hablar, lo dejaba caer. Pero ¿que decían? Busca palabras, temas, quizás algún país que compartieron sus antepasados, una región común que se insinuaba. "Estabas seria, reservada", le ha dicho Renata, mucho más tarde, de esos encuentros. Le ha dicho lo mismo después de otras conversaciones, más recientes: le ha echado en cara su excesivo control. Sin duda. Con Renata ha vivido —como no con Vera— la falta de límites, ha compartido un lugar (que ahora se le antoja este lugar, donde escribe) donde todo parecía posible, donde cabía el exceso: gritos, gestos, exageraciones, violencia, todo lo que siempre sintió como vedado. Pero que Renata no lo sepa —aunque se lo está diciendo.

La locura la rondó desde chica. Una conversación en que la madre le aconseja que nunca le pregunte al padre cómo murió su hermano mayor; agrega la madre que ella misma nunca se lo ha preguntado: supone que murió loco. De ese tío Arturo la persigue una imagen: en una fotografía amarillenta lo ve sentado en un sillón de paja, con una mano estudiada bajo el mentón y con un fondo de papel japonés. *"A bit of a dandy"*: así lo reprobaba una de sus propias hermanas anglosajonas que no le perdonaba su defección al francés. A ella la persigue otra pregunta, que nunca logró formular: ¿por qué se callaba su madre, por qué nunca preguntó cómo había muerto Arturo? Alrededor de ese vacío y de la pregunta prohibida se crearon zonas de sombra que no descifra, que apenas se atreve a reconocer. El pánico que veía en la cara de su padre, los rasgos deshechos ante cualquier discusión violenta, eran para ella cifra de Arturo, del Arturo loco. Poco más sabe, salvo que cuando se moría pedía que lo acompañara, sin cesar, su madre. Un día se atrevió a hablarle a su padre de Arturo. Almorzaban los dos en su casa (adonde su padre iba a menudo), en un cuarto lleno de sol; almorzaron y hablaron de infancias, más precisamente de la infancia de su padre, también de la timidez de ambos. Él le contaba cómo, de chico, no se atrevía a aceptar regalos, le contaba además lo crédulo que era entonces. La cocinera lo ponía a limpiar frutillas, asegurándole que las limpiaría mucho más rápido si silbaba mientras las limpiaba. Le llevó tiempo darse cuenta de la estratagema: si silbaba sin cesar no podía comerse ninguna frutilla. Su padre le contaba además —sobre todo ese día— cómo había sido su adolescencia. Recordaba la primera vez que le anunciaron una muerte (no la de su padre, que murió cuando era muy chico): estaba encerrado en su cuarto, escuchando la Meditación de Thais, cuando entró su madre con la mala noticia. No era, desde luego, la muerte de Arturo; pero entonces ella aprovechó la ocasión para preguntar cómo —de veras— había muerto su tío. De congestión pulmonar, contestó su padre levantándose bruscamente de la mesa, y ella no se atrevió a preguntar nada más.

Aprendió de chica a controlar la zozobra, a negar cuanto pudiera llevarla del lado del desorden, del desmán, de la locura: se defendía con sus fantaseos, con su aislamiento, sobre todo

28

con una conducta ejemplar. No sabe si soñaba; sí sabe que su necesidad de reglas era tal que alguna vez preguntó si para rezar había que pensar en Dios —en la cara de Dios— o pensar en las palabras que decía. Una cosa excluía la otra, y ella quería hacer lo correcto. También pidió consejo cuando le dijeron que se había muerto su abuela. Tenía seis años y era su primer muerto. Preguntó, para adecuarse, si había llorado el hijo —su padre—, le dijeron que algo y no supo qué hacer. Reconoce que sigue atenta a esos comportamientos prestados, los clasifica: a veces la ayudan, a veces no.

Querría permanecer. Por eso se aplica en la fabricación de los pedazos que deberían componer un solo rostro, en el peor de los casos, una sola máscara. Unir esos pedazos, tejerlos aunque sea por un momento; la alternativa —la fachada que se derrumba, los ojos impotentes— es la locura. Ha soñado que está con alguien ante una misma imagen. Un paisaje: un parque, un banco, un árbol. Un personaje: su padre, que está muerto. Las dos visiones, la suya y la del otro, coinciden en todos los elementos menos uno: el personaje de su padre. El otro lo ve, proyecta una visión que le da forma. En cambio ella busca a su padre y ve fragmentos que no puede componer. Se dice que la visión intermedia, componedora, es la cordura. También se dice que cuando se fragmenten junto con su padre el banco, el árbol, el parque, estará loca. Piensa inmediatamente en sueños buenos, con dificultad pero a manera de conjuro. Querría dormir.

Se mira en lo que escribe, en lo que acaba de escribir. Así leía: para distanciar, no para vivir mundos; la lectura era tan cerrada como su vida. En los libros veía representaciones, actitudes que luego imitaba en sus juegos con plena conciencia de la duplicación: ella era ella imitando. Cuando jugaba lo hacía siempre ante una mirada: la de su hermana. (Piensa de pronto: ¿por qué la escucharía, por qué la seguiría su hermana con tanta convicción?) No jugaba con otros, se quedaba a la espera de una clave que la invitara a participar: que alguien la buscara, que se le dijera que su intervención era necesaria. Así le fue; había recreos en que simulaba confidencias con una amiga, a lo largo de un cerco de ligustros, para no ver que a las dos se las expulsaba de un grupo.

Todavía no sabe cuál es el peor suplicio: no ver o no poder cerrar los ojos. Piensa en la mirada de la hermana que la seguía obedientemente en sus juegos. Se ve con ella en el baño: a veces el padre las bañaba juntas, una frente a la otra, en una bañadera vieja con patas de león. El cuerpo muy rubio de su hermana sería algo parecido al suyo pero ella, hasta entonces, no se había mirado nunca desnuda en un espejo, sólo disfrazada. Recuerda el sexo pequeñísimo que tenía enfrente, quizás lo imagine, cuando lo encuentra hoy en un cuerpo infantil la conmueve. Se pregunta si su hermana se miraría en ella como ella se miraba en su hermana.

La imaginó cuando nació, antes de verla: cuando le dijeron que era mujer y no un hermano que hubo de llamarse Eduardo. Ella entonces pensó que su hermana tendría tres años, el pelo corto y lacio con flequillo, y un delantal gris de lustrina. Se pregunta cómo habrá hecho para lograr con tanto acierto esa figura desamparada; no puede haber conocido, a los tres años, el traje de la orfandad. No recuerda la llegada de su hermana a la casa, sí recuerda a una muñeca cuyos ojos hundió, furiosa. Cree que la retaron mucho, también cree que la tentación de meter los dedos en esos huecos azules era demasiado fuerte. Ve también a su hermana acostada, pequeñísima, le da lástima. No tiene pelo negro y lacio, no tiene delantal de lustrina, es muy chica y llora. Quiere chuparse el dedo y para que no lo haga le han envarillado los brazos. Recuerda aquellas ballenas con puntas metálicas que sobrevivieron a esos tormentos (¿se los habrán infligido a ella?) y acabaron en un costurero, junto con las trenzas que se cortó la madre antes de que nacieran las hijas. Y por si de algún modo Clara lograra quebrar las ballenas y llevarse el pulgar a la boca, le habían puesto medias blancas en las manos, medias que suprimían los dedos.

Cuerpo: lo aprendió en su hermana, en ese hato que era su hermana. El cuerpo —su cuerpo— es de otro. Desconocimiento del cuerpo, contacto con el cuerpo, placer o violencia, no importa: el cuerpo es de otro. No une sus partes encontradas como no une la mirada con la ceguera, apenas reconoce la diferencia entre una y otra. Se veía de chica con una enorme cabeza, monstruosa, y poco más; al mismo tiempo la perseguía la idea —pero eso fue algo más tarde— de que no sabía pensar. No recuerda su cuerpo de entonces, sí lo que espiaba en el cuerpo de su hermana, no recuerda tampoco el dolor físico; ni el placer, hasta mucho después. Enfermedades sí: cuando le decían que estaba enferma, cuando dictaminaban que estaba enferma, cuando sin duda le habrá dolido algo. Nació con el hombro roto y le han contado que lloraba mucho; pocos años más tarde, cuando le mostraron el nudo que tenía en la clavícula, se lo tocaba maravillada. También le han contado que a los cuatro años estuvo muy grave, que no podía respirar, se ahogaba. Ella sólo recuerda una noche en que, desde la cama, vio a sus padres que se inclinaban sobre ella; no recuerda si tosía, no recuerda si le dolía, no recuerda si podía o no respirar, recuerda en cambio el color de la bata de su padre, una franela entre azul y gris.

No sabe —nunca lo ha sabido— si está o no enferma. No sabe lo que es un dolor físico: alguien tiene que decírselo, alguien tiene que permitirle que le duela. Cuando un día en el colegio la mandaron a la enfermería y le dijeron que tenía un ataque de apendicitis sospechó que era una farsante: después de todo no le dolía tanto. Un corte, un tajo serían para ella el máximo dolor. O mejor habría que decir: la máxima imagen del dolor. Se sorprende a veces al descubrirse las manos heridas, el cuerpo arañado, ¿cuándo ocurrió? Una noche se tajeó con saña el antebrazo: no sintió nada, lo único que atinó a hacer, después de un largo momento, fue buscar pañuelos para restañar la sangre y preguntarse qué haría para limpiar las manchas estrelladas en el piso, en las paredes. No sintió. De noche se despierta sin una mano, la que tendría que extenderse para buscar uno de los dos vasos de agua que ha dejado al lado de la cama. Pacientemente busca la mano entumecida, la frota como si fuera de otro, poco a poco la va reconociendo, consigue que tantee, se enorgullece si encuentra uno de los dos vasos sin tropiezos como si se tratara del triunfo de un subalterno meritorio, le permite que sopese el vaso, la deja cuidarse y tomar sus precauciones, agradece que todavía pueda darle de beber; también que pueda alejar el vaso vacío para acercarle el segundo, lleno. La sed, al fin de cuentas, ha triunfado sobre su cuerpo dormido.

Cuerpo atontado, despojado de sensación, y que sin embargo no olvida sus violencias. De adolescente le confió a alguien las dos cosas que siempre había querido hacer: robar y herir. El primer deseo encontró una rápida solución: intrigada por el acto gratuito y literario, robó un tomo de Baudelaire que se le escapó del bolsillo antes de salir de la librería. Cree que no la vieron. Lo que importa es que mientras hablaba de estos dos deseos, mientras contaba incluso el hurto ridículo, se acercó a la mesa un borracho, que le sacó un cigarrillo y le dijo una obscenidad. Ella sintió el placer —lo ve: ve el movimiento de su brazo, de su mano, como si fueran de otro— de pegarle muy fuerte en la cara. No olvida el estupor que sintió ante la respuesta, ante el golpe que le dio a su vez el hombre, con el puño cerrado, en la frente. ¿Creería en la violencia impune?

Recuerda, suprime, y vuelve a recordar otra violencia: un latigazo que le pegó a su hermana cuando eran muy chicas. Clara empezaba a caminar, difícilmente, con botitas. Ella la vio de atrás una mañana, muy torpe, vio el pelo muy rubio entre las ramas apenas verdes de un sauce que llegaban hasta el suelo. Se pregunta por qué azar tenía ella un cinturón en la mano; en todo caso lo tenía y atacó. Sintió placer al azotar. Cuando quisieron ponerla en penitencia declaró que lo había hecho sin querer y la creyeron; mejor dicho su tía la creyó, la defendió, y no la castigaron. De ese episodio recuerda claramente la cabeza muy rubia de su hermana y la sorpresa ante el hecho de que era muy fácil mentir. También las palabras de su tía que la quería y que la tiene en sus brazos: "Lo hizo sin querer, lo dice con el corazón".

No son esas sus únicas violencias, su único trato con la violencia. También ella se ha dejado pegar, consciente. En espejos enfrentados vio en una ocasión una de sus nalgas, surcadas de líneas rojas que interrumpían cada tanto los moretones dejados por una hebilla. Resultado de un encuentro más —y el último— con alguien que estaba decidido a sacarla de sí misma. A ella también le han pegado con un cinturón pero sólo quedaron esas rayas, que algo le dolieron cuando le marcaron la piel, que ya no le dolían cuando se las vio en el espejo. Por fin querría saber, porque aun no sabe, qué es el dolor físico, tan lejano y tan amenazador para ella como la locura.

A su cuerpo lo violenta, a solas, con la mirada. Cada mañana se mira la piel, ve la decadencia, el desgaste. No se detiene demasiado en las ojeras —cuya existencia comprueba en detalle cada vez que deja esta mesa en la que escribe, cada vez que va al baño y se mira en el espejo—, sí en la muerte que comprueba cada día en sus manos, en las arrugas que la noche fabrica a lo largo de sus dedos, de sus piernas, en el empecinamiento de las uñas que casi ve crecer, temiblemente córneas. Las pieles se van, son lo primero que se va. Cuando murieron juntos su padre y su tía fue lo primero que temió olvidar. La superficie apenas floja de Sara, tan distinta de la de la cara, las manos, las piernas, muy cuarteadas. El color de la nuca de su padre; la sorpresa, de chica, cuando lo vio en la playa, la cara roja, el cuerpo blanquísimo. Siente, toca un lugar preciso que cree que sólo ella recuerda en la espalda de su tía, acaricia la nuca de su padre, evoca precisamente sus manos, cuadradas, sajonas, con manchas; esas manchas que suele buscar en las manos de las mujeres viejas y que la atraen. Su propia piel fisurada, aflojada, los dedos rotos. La piel de Renata, áspera y rosada en las mejillas, muy blanca y muy suave en el resto del cuerpo (hay un lunar pequeñísimo en el pecho izquierdo), arrugada en las manos. Eso sí sabe de Renata, esa textura que no olvida como no olvida la primera vez que la vio dormida, con esa manera tan particular de ausentarse. Párpados tirantes, piel en descanso, pero ojos entrecerrados: por más que se dijera que Renata dormía, los ojos verdes —filón translúcido a través de las pestañas— la miraban.

¿Qué es estar herida, qué es morir? Empezar a morir, empezar a perder el aire que se respira, pedirle al cuerpo que respire hondo una vez, sólo una vez más: en esa estrechez, en la intuición de un lugar que comienza a deshabitarse, empieza a conocer de veras el dolor. Los tajos, las mutilaciones, son sin duda dolorosos pero está tan acostumbrada a las grietas, desde chica, que las imagina y aunque se las inflija deja de sentirlas. En cambio no se ve sin voz (como no se ve sin piel) y acaso el riesgo de esa imaginación sea su mayor amenaza: reconoce la salud, se aferra a ella, en términos de una entonación. Algo, la voz ronca de su tía, la voz cascada de Renata, su propia voz cuando escribe, algo, una piel de voces, para entonar los fragmentos.

No quiere olvidar la piel ni los cuerpos, sobre todo no quiere olvidar las voces; ¿cómo reproducir esta noche la entonación de su tía, de Sara, con quien querría hablar? Le quedan fragmentos sueltos de un habla perdida, de una época en la que —decía Sara riéndose— todavía pasaba el aguatero. Palabras viejas, quizás desusadas, que sólo contaban cuando las decía ella: facha, taruga, mangangá, paquetear. Una expresión que usaba Sara cuando cosía y no le alcanzaba el género: jugar a la gata parida. De chica, ella no entendía. Le explicaron —le explicó Sara— que era un juego: una fila de chicos que se pegan empujones tratando de expulsar a uno, el último de la cola, fuera del límite marcado. El que sale es el parido y ahí culmina el juego. O culmina —y era el sentido que le daba Sara cuando se empeñaba en ubicar de modo absoluto todas sus proyecciones en un rectángulo de género— en la no salida del parido, en una contención satisfactoria.

Qué necesidad de verla, más que nada de oírla, hoy. La poca imaginación que tiene, la necesidad de contar, se las debe a ella. Hay una fotografía que conserva: están las dos, ella de pocos meses, Sara —que la tiene en brazos— con una sonrisa de felicidad que no se atrevería a describir. Nunca vio esa felicidad. Cuando murió Sara le tocó ordenar sus papeles. Había cartas que ella le había escrito de chica, un verano: le decía que la extrañaba, que la quería, incluso la criticaba, a los ocho años —"lo que me contás es un mamarracho y mi tía no puede hacer mamarrachos": ¿de qué se habrá tratado?—, firmaba puntualmente con nombre y apellido. También encontró cartas de su madre que guardaba Sara. Una que no puede olvidar. Su madre escribe el día después de haberse casado, le agradece a Sara su ayuda, recuerda la despedida emocionada de la víspera, en la estación; añade, hablando del marido, su padre: "Es muy bueno y me cuida como vos, hasta me lustra los zapatos".

Por momentos —pero no hoy— la abruma, cuando piensa en Sara, la sensación de desperdicio. La ve cumpliendo una existencia vicaria, adoptando la vida de una hermana de quien no se desliga y viviendo a sus hijas —a ella, a Clara—, como hijas suyas, siempre en papel aparentemente subalterno. A veces sueña con ella, la ve en este cuarto en el que además de su cama aparece un catre o una camilla. Sara se ha instalado en el catre porque piensa de algún modo que es el lugar que le toca. Desde él se queja: pide que la curen, que la venden, está herida y sufre mucho. Y ella no puede ayudarla, la paraliza la cara hinchada, abotagada de Sara, la última que le vio, en el cajón. Sabe que tuvo una muerte dilatada, que agonizó tres horas después del accidente sin que ella pudiera hacer nada, piensa que no la cuidaron y que la dejaron morir. La persiguen esas tres horas, esa suspensión que no soporta y que sigue visitándola. Hay noches en que se acuesta y prevé el paso de esas imágenes que intenta prohibirse en la vigilia: imágenes de muerte de las que no hay que hablar o de las que sólo hay que hablar, y muy de vez en cuando, a otros, de las que no debe hablarse a sí misma (aunque lo esté haciendo) porque de tanto contarse lo que ya no existe teme enloquecer.

Hoy querría unirse a la voz de Sara viva. No puede describir su propia voz, no puede oírse, sólo oye las palabras que anota. Ve el gráfico de una voz —la suya—, ve la arquitectura que va estableciendo, siente el placer físico que le proporciona la palabra por un momento justa, luego reemplazable, pero ignora el tono. Lo imagina grave, acaso sea distinto; cuando alguien le dijo, no hace mucho, que le gustaba su voz y que había escrito algo sobre ella, pensó que querría leerlo para oírse. De su voz —la que habla y tendría que saber entonar— sólo conoce la ausencia, los momentos en que no consigue imponer a su boca el esfuerzo de formar una palabra: momentos en que se ahoga, en que acusa, con todo el cuerpo, una violencia que reconoce pero que no entiende. Con todo, a pesar de la cerrazón, su cuerpo logra acompañarla en esas ocasiones, la ayuda a disimular: se levanta con un pretexto, traga, bebe agua, pide aire, un simple ruido que, desde la garganta, le permita recobrar una continuidad sonora que la proteja.

Con una voz, con su propia voz rota, habrá de unir fragmentos si quiere vivir. Agregará a la infancia que evita y a la que vuelve los cinturonazos a Clara, las llagas de sus nalgas en el espejo, la presencia de sus muertos —esas entonaciones que, como las pieles, no tiene que olvidar—, los restos de Vera que permanecen con fuerza en este cuarto, la reclamada presencia de Renata que no viene. Conjugará esos fragmentos dentro de esta *garçonnière* vetusta, junto con las flores que está mirando, parecidas a las que veía de chica en el cuarto de su madre: ramos no del todo frescos, no del todo muertos, fresias o jazmines algo arrugados y todavía con vida. En lo que ella miraba y respiraba en aquellos floreros, procurando no detenerse en los bordes marchitos, por lo menos quedaba mucho.

Pieles y voces, tan parecidas, tan vulnerables y caducas. Ha entrado la noche y querría conservarlas enteras, con sus diferentes texturas, por algunas horas. Que mañana las mutile el olvido, que mañana vuelva el dolor. Hay algo en común, se dice medio amodorrada, entre la voz de Sara y la de Vera: las dos contaban. De pronto la despierta una revelación: no sabe qué voz tiene su madre.

III

REFUGIARSE (pobre elección de la palabra) en Vera: su vida en este cuarto la sofoca, su presencia pesa en este relato. Es un resto que no consigue dejar de lado, a la vez marchito y amenazador. De chica podía evitar, si lo intentaba, los bordes muertos de los jazmines —que de todos modos perecen con elegancia. Aquí no sabe desviar la mirada o taparse los oídos cuando la asalta un detalle nimio que recobra vida. El temor de encontrarse nuevamente con Vera hace que escuche cuidadosamente el ascensor, cada vez que se detiene en su piso, queriendo adivinar si la voz que oye confusamente del otro lado de la puerta es o no la voz que prefiere no escuchar. Porque sabe que Vera vuelve, que sigue teniendo amigos en la misma casa; si viene a visitarlos se detendrá en el mismo rellano, dirigiéndose a la izquierda y no a la derecha desde donde ella vigila, paralizada. En una vieja guía telefónica ha encontrado números anotados por Vera cuando vivía aquí, reconoce la letra desmañanada. Recuerda cómo contestaba el teléfono: lo dejaba sonar dos veces antes de atender, manía que ella ha imitado y que aún conserva. Ha criticado en otros (sobre todo en Renata) la capacidad de mímica y piensa que la suya, ante Vera, era ejemplar: copia de todo, de pequeños gestos, de pasiones. De Vera conserva el amor por los gatos de los que antes prescindía, que ahora encuentra indispensables. Hoy se emocionó porque al salir encontró una gata blanca, perdida, junto a su puerta. La hizo entrar, le dio de comer, jugó con ella: se ve en la mano los puntitos rojos que dejaron los dientes filosos, también en la pared marrón verdoso el gran arañazo que hizo la gata al cazar un corcho que ella le arrojó y que la dueña del apartamento (a quien adivina miope y expeditiva en registros de inventario) nunca habrá de notar. Salieron juntas —la gata a encontrar su casa y ella ya no recuerda para qué— como si fueran cómplices. Cuando no puede dormir, amenazada por el recuerdo de una puerta entreabierta, puebla su cuarto de gatos y se tranquiliza. Piensa a veces en una gata que tenía Vera, sometida —como todo ser vivo que frecuentaba Vera— a una secreta disciplina. Recuerda la insurrección de aquella gata con alegría, la vez que orinó ruidosamente, durante una comida, en el ángulo de una alfombra blanca recién comprada. Pero recuerda sobre todo a su propia gata que ya no tiene, la gata arisca que una tarde, cuando ella se acostó sintiéndose morir, la mantuvo despierta aullando sin cesar junto a su cama.

Por curiosidad llamaría a algunos de los números que ha encontrado en esa guía vieja, anotados al margen y en diagonal, sin nombre, ocasionalmente con alguna inicial: para saber con qué voces hablaría Vera, con qué tonos de voces. Ella desde luego no diría nada, no se enteraría nunca de quién había contestado al teléfono: amante, plomero, librera, agente de viajes, alguien en todo caso a quien Vera, una vez, llamó. Por curiosidad también hubiera querido preguntar quién llamó aquí hace unas horas y confundió su voz con la de Vera. ¿Sería porque contestó el teléfono después de las dos llamadas reglamentarias? Dijo que Vera no vivía en esta casa, que hacía tiempo no vivía en esta casa. Se extraña porque las dos voces, la suya y la de Vera, jamás se parecieron. La voz que le hablaba quería datos, no parecía dispuesta a capitular, y ella por fin colgó.

Vuelve atrás, de nuevo vuelve atrás, al día en que entró por primera vez en este cuarto. Allí está, lo sabe, el comienzo de esta historia que habrá que empezar a despojar: librarla en la medida de lo posible de la venganza, librarla también de la frustración de una espera. ¿Por qué no? Siempre quedarán rastros. No es por azar que se encuentra en un lugar repleto de recuerdos. Repasa los detalles para asentar su primera impresión de Vera, convoca el primer encuentro. Era una tarde a principios de verano, muy clara. Se sorprendió al entrar en este cuarto tapizado, digno de otra hora y de otra estación. (El desajuste de este cuarto, su extrañeza en toda hora, le parece —hoy que escribe— evidente.) Por la ventana abierta, aquel día, vio un cielo azul como el que mira ahora, pero sin duda más azul y más luminoso, desasosegante. Vera le abrió la puerta con una impaciencia que más tarde aprendería a reconocer como gesto habitual, como afectación, quizás como defensa. Ella entonces habrá recorrido la diagonal mínima que separa la puerta de la cama de bronce (una vieja cama de sirvienta que se ha vuelto prestigiosa, opinará más tarde Renata, con bastante razón) en la que se sentó. No recuerda las sillas, que sin duda estaban, sí la cama incómoda. Vera se sentó frente a ella pero no del todo, en un sillón junto a la ventana; le hablaba y la miraba con esa curiosidad aplicada que apenas vela la indiferencia. De pronto, al anotar este encuentro, se da cuenta de que Vera la veía mucho mejor a ella que ella a Vera. Vera estaba sentada a contraluz, tenía para sí la claridad de la tarde; ella en cambio, cegada por esa luz y por ese cielo, sólo veía perfiles, sombras, y oía una voz ronca, aburrida, impersonal. Sí, le decía Vera, nos volveremos a encontrar. Sí, ya que vamos a coincidir en la misma ciudad será interesante volver a verse. ¿Usted conoce esa ciudad? Me dicen que es un horror y que hace mucho frío, pero para mí el horror no es nuevo. Sí, hábleme de lo que escribe, sí, hábleme de lo que lee, sí, le doy otro whisky.

Se quedó en este cuarto, aquella vez, más de lo que hubiera querido. Al levantarse para irse recurrió a una de esas explicaciones inútiles que permiten moverse: tenía que comprar flores ¿dónde habría una florería? Vera decidió que ella también tenía que comprar flores, salieron juntas. No llegó al negocio, se despidió bruscamente en cuanto vio un taxi libre. La florería a la que la llevaba Vera es la misma donde —ahora que esta casa es suya— a menudo ha comprado flores. Fresias y jazmines, de invernadero.

En este cuarto intenta situar a Vera; darle un lugar, dar un lugar a sus relatos, y al mismo tiempo marcar una distancia. Por ejemplo: Vera le contó que vio una vez, cuando se despertó una mañana en esta cama, cómo una mujer que había conocido el día antes y con quien había pasado la noche, le cosía un botón. Vera también le contó cómo había conocido a esa mujer. Estaban en una de esas fiestas a las que la gente acude convencida de que se soltará entre cuerpos, botellas, músicas. La mujer en algún momento se acercó; probablemente borracha, opinaba Vera, que acaso no estuviera en estado mejor pero que en sus relatos se atribuía siempre una función digna y alejada. Un muchacho de ojos muy claros, con el pelo desordenado, las observaba. El amante de esta mujer, declaraba Vera, sin pruebas evidentes; quizás un simple espectador aburrido, opina ella, que también conoce (y cultiva) esas fiestas vacuas. En todo caso: la mujer se acercó a Vera, le dijo que quería hablar con ella, que quería seguir oyendo su voz. Una voz que la mujer compara —esto lo recordaba Vera con gran complacencia— con la manga de terciopelo negro del saco de Vera que de pronto empieza a tocar. La voz y el terciopelo se mezclan (un modo como otro de establecer contacto) y la mujer amaneció en esta cama donde ella ahora se acuesta. Antes de irse, esa mañana, se habrá sentado en el sillón tapizado de seda rayada, desteñida, para coser un botón caído del tan admirado saco de terciopelo negro. Vera le contó que cuando la vio, al despertarse, se conmovió. ¿Le habrá acariciado la cabeza para luego arrepentirse, para luego hacerle pagar ese gesto, como cuando a ella, creyéndola dormida, le besó los ojos? Pero no: sabe que Vera tardó en desprenderse de esa mujer, se pregunta por qué. Se imagina a una muchacha rubia, con piel muy clara y lisa, con algo que a Vera la intrigaría: una manera de no hablar, de desafiar el relato seguro de Vera con desparpajo, con miradas mudas. Imagina por ejemplo que aquella mañana, después de acariciarle la cabeza, Vera le habrá preguntado por qué cosía ese botón; y la mujer —que además de rubia es muy alta— se habrá izado con lentitud del sillón en que se había replegado —de hecho un sillón muy cómodo que promete la protección— y sin responder la habrá mirado con sus ojos de un azul deslavado, algo saltones, antes de salir de este cuarto, sin decir una palabra. No recuerda, ni quiere imaginar, el resto de la anécdota. Recuerda, hoy sí, las manos de Vera, las que acariciaron a esa mujer, las que también la acariciaron a ella. Manos cuidadas, algo redondeadas, suaves: manos de otra época, de otra persona, manos que contradicen la cara marcada y triste de Vera. También imagina la salida triunfal de esa mujer —a quien luego Vera buscó— en cuanto terminó de anudar el hilo del botón.

Revive a Vera en esta casa, hasta piensa hoy que podría llamarla por teléfono para enfrentarse con esa voz que alguien confunde con la suya, y luego colgar. Acaso (pero hoy no) lo haga. La siente lejana, manejable porque la ha congelado en sus gestos, en sus narraciones, en lo que ella recuerda de Vera, en lo que ella piensa que Vera es. En cambio Renata —a quien no ha vuelto a ver— fluctúa, camina sobre el agua, se le va. Siempre la vio así, huida: en este momento no podría registrar uno a uno los pequeños gestos de Renata, ni siquiera las letras de su nombre. Es ella quien —pese a la espera que declaró al comienzo de este relato— no quiere fijarla. Fijará en cambio a Vera, la destrucción de Vera, escribiendo casi con ternura. Hoy piensa que la vería, hoy la recibiría en este cuarto que fue suyo, dejaría que los dedos de Vera exploraran lentamente su cara y ella le besaría las manos. Hoy tomaría una de esas manos y se la llevaría a la mejilla, hoy le pediría a esa mano la forma de su propia cara, el descanso. Sobre todo no hablarían: sólo hay lugar para las palabras en lo que escribe y al relatar su temor y su deseo los transforma. Esta noche se siente curiosamente en paz, como en vísperas de una muerte buena.

De Vera anotó una primera imagen, a contraluz. Ahora la libera de estas cuatro paredes, por fin, la proyecta en aquel otro lugar, la ciudad gélida donde volvió a verla. Era una ciudad decaída, recuerda los caserones abandonados o venidos a menos, algunos (muchos de ellos) habitados por familiones de inmigrantes o de desposeídos. Se morían los olmos, los echaban abajo: al pensar en esa ciudad confunde el ruido de las sierras eléctricas con el ruido del viento, de la lluvia. (Ciudad mortuoria: su padre, que un día fue a visitarla, salió a caminar y se perdió; fue rescatado, allí donde el rascacielos pasa a la fábrica y la fábrica al baldío, por un coche fúnebre que lo orientó y lo llevó adonde lo esperaba la hija. Él se reía.)

¿Cómo pudo soportar, en esa ciudad, una tristeza que lo corroía todo? Alguien le habló un día de una mujer que bien podía ser (que era por cierto) Vera, pero no la vio y evitó verla durante mucho tiempo. El apartamento en el que se instaló nunca llegó a ser un lugar fijo, pese a sus esfuerzos: era más bien espejo de esa ciudad desordenada y frágil, invitaba a la huida, parecía añorar el descampado. El edificio entero olía a hotel descuidado, a viejas anglosajonas levemente perfumadas y sudadas, a tabaco rubio. Un día un hombre de pelo blanco, con un buen traje algo raído, le contó en el ascensor que se iba de viaje. El viaje, tal como lo describía, parecía definitivo, hasta el nombre del lugar —*White Plains*— resultaba simbólico. Pero no, era un simple pueblito, a veinte kilómetros de distancia, casi un desgarramiento de la ciudad: hasta las salidas eran de poco alcance. Sabiendo que en esa ciudad estaba Vera, que a lo mejor estaba, empezó a armar defensas. No resultaron demasiado eficaces ya que la primera vez que volvió a verla —pasaba en un automóvil— supo de nuevo que se cruzarían sus caminos: que ella la iba a perseguir. La imagen fugitiva le propuso un itinerario que previó muy breve, como el viaje que le contó su vecino en el ascensor. Decidió recorrerlo.

Vio ese día a Vera y se dedicó a espiarla, a sorprenderla. Cada rastro que descubría —de nuevo su automóvil, estacionado en una esquina, que observaba al pasar, o el comentario trivial de un tercero que aludía a ella— la perturbaba y la estimulaba. Seguía sin límites la pista de una Vera esquiva y a la vez la iba armando: acumulaba datos que permitirían un nuevo encuentro, que hasta lo impondrían. (Hoy, tanto más tarde, los mismos datos, el mismo tipo de datos, las sorpresas que creía entonces manejar se rebelan: la palabra escrita en el margen ni arma ni estimula el deseo, en cambio horada el pasado, descomponiéndolo.)

El primer encuentro con Vera en esa ciudad fue inesperado, a pesar de sus precauciones. Vera entraba en una farmacia, ella salía. Ve el encuentro como se ven las ilustraciones de un periódico viejo, irremediablemente fechadas; se detiene en la ropa que usaban las dos, la sorprende aunque desde entonces hayan pasado tan pocos años. Como a dos figurines, las observa en este encuentro, ve que a pesar del muy buen género del traje de Vera una de las mangas está muy mal pegada. El recuerdo de la falla, hoy, es muy preciso —irritante— pero seguramente no miró entonces esa manga como la está mirando hoy. Ella salía de la farmacia, Vera entraba a pedir un teléfono porque se le había descompuesto el automóvil. Para variar, antes de las nieves, llovía. Se saludaron, atentas y distantes; ella sintió de nuevo, como lo había sentido antes en este cuarto, el nudo en el cuerpo que anuncia un peligro. De haberlo atendido, no estaría escribiendo este relato. Pero Vera la invitó a tomar algo en un bar cercano y ella se quedó a acompañarla mientras el mecánico a quien había llamado arreglaba el motor. Se ve con Vera en un lugar oscuro, donde bebían hombres solos y decaídos. Las paredes del bar estaban pintadas de verde, de un verde de cocina sucia. ¿De qué habrán hablado en ese lugar? No lo recuerda. Los detalles que conserva son pocos, culminan en el color de esas paredes y en el fondo del vaso de Vera, cónico, en el que se sumerge una cebollita. Detiene ese momento inicial en una superficie cuyas minucias observa pero el largo momento que sigue —en el que perduran los hombres decaídos, las paredes verdes y las cebollitas— es en cambio un espacio sinuoso. En algún punto las dos coinciden, empiezan a hablar, casi al mismo tiempo: se inicia un contacto que hace que las caras se descompongan (sólo ve la de Vera), se recompongan; se cede a la voz —porque ninguna de las dos mira de frente— para alejar y para acercar.

Vera puntuaba su conversación con quejas: ¿por qué tardaban tanto en arreglar su automóvil?, ¿por qué, a ella que tenía tanto que hacer, le hacían perder tanto tiempo? Reconoce la monotonía afectada del primer encuentro en este cuarto, la cháchara retórica; se desconecta y mira la cebollita hasta que llega el mecánico. Luego Vera la invitó a comer a su casa y allí sí recuerda, claramente, de qué hablaron. También recuerda que Vera, en cuanto entró, se cambió de ropa casi con furia. El traje con la manga mal pegada queda tirado sobre una cama, como deshecho; los zapatos se reúnen por casualidad en un rincón. Vera vuelve a aparecer como la primera vez que la vio aquí, en este cuarto donde escribe: con un sweater negro, con pantalones claros y con los pies descalzos. (En el cuarto en el que están hay una alfombra de lana blanca y un sillón de cuero negro y de palo de rosa, de líneas tan estudiadamente simples que le molestan como los peores excesos de un sillón colonial. La molesta además la posición de ese objeto, desviado de la pared, resueltamente al sesgo. Cada vez que lo veía —porque regresó varias veces a esa casa— la urgía la necesidad de enderezarlo, como quien, entregándose a un impulso que no puede contener, corrigiera el ángulo torcido de un cuadro o cerrara un cajón entreabierto. No le gustan los sesgos ajenos.)

Aquella noche Vera siguió hablando, con la misma violencia con que se había cambiado de ropa. Como un animal acorralado que no ha perdido del todo el ímpetu del ataque se sienta, se levanta, le ofrece de beber, camina en torno del sillón negro en el que ella está sentada, enciende, fuma, apaga y vuelve a encender unos cigarritos negros muy delgados con los que puntúa su largo relato. La comida, que Vera prepara en algún momento y cuyos componentes no recuerda, pasa a ser un gesto irritado más, un desecho de lo que le cuenta. Como la canción del sauce de Desdémona que, en algún momento de la noche, pone Vera en el tocadiscos para confirmar un detalle. A estas alturas está bastante bebida, interpela al personaje con saña; luego, cuando comienza el lamento de Otelo, para bruscamente el disco y se dice (y le dice): "Demasiado tarde, mi querido, demasiado tarde".

La historia que le contó Vera, si bien no era la historia de su vida, era la crónica minuciosa de una traición que consideraba vital: grandilocuente y exacta, como casi todos los relatos que conocería más tarde. La habían abandonado con bajeza, declaraba Vera, y ella adivinaba en la insistencia con que proclamaba su papel de víctima la falta de costumbre, la inversión de una conducta habitual. Vera sufría, pero al dolor se añadía claramente la sorpresa de que otra, y no ella, hubiera abandonado. Escuchó la historia de Vera con distancia y con simpatía. Más tarde aprendió —muy poco después con la propia Vera; luego (ahora mismo) con la ausencia reiterada de Renata— lo que de veras era, lo que de veras es un abandono para quien previamente sólo ha abandonado. Hasta cree que entiende ahora lo que Vera intentaba decir cuando hablaba de un abandono con bajeza: modificación sutil que entonces no comprendió del todo y que le pareció una redundancia. Recuerda que esa noche, y cada vez que se refería a aquel abandono, Vera hablaba de él como de una cita no cumplida, a la que atribuía una importancia crucial. Transformaba la cita, más allá del momento preciso en que la otra persona no había aparecido, en cifra de un desencuentro retrospectivo y total. Y entonces de nuevo se burlaba, se veía como parodia de otros desencuentros, como variante literaria. Había perdido tanto tiempo, le había dedicado tanta vida a alguien a quien posiblemente nunca quiso. "Este asunto —le dijo Vera a ella, que seguía sentada en el sillón negro, no aburrida pero sí atenta a un diseño que veía perfilarse más allá de la anécdota relatada con teatralidad, casi impostada al final—, este asunto no vale ni una de las cuatro horas que le he hecho perder."

Durmió esa noche con Vera. Los relatos de abandono bien contados —también eso ha aprendido— son una de las muchas formas de la seducción. Ella inició el primer movimiento, sintiéndolo previsto y a la vez necesario. El cuidadoso relato de Vera había evitado, diría casi con delectación, toda mención de contacto físico: mientras caminaba descalza alrededor del sillón, Vera le había ofrecido la prolija narración de una ausencia en términos abstractos y casi morales. Aun cuando la oía, notó intersticios, lagunas. No eran espacios púdicos, lugares callados de nostalgia, sino hiatos deliberados: para provocar preguntas que no hizo, pedidos de detalles que dejó de lado (ya la abruman los que registra sola, sin que se los indiquen), para invitar el gesto que por fin, lúcida y entregada, ella esbozó. Vera, antes de llevarla a su cuarto, se sienta por fin a su lado. No hablan; ella ve entonces, como la sigue viendo hoy, la cara de Vera, despejada.

IV

Ha vuelto a esta ciudad para escribir. Gran mentira: hoy escribe porque Renata no ha venido, no porque pensara escribir. Y como este cuarto le propone una alternativa, la de seguir (como ya lo ha hecho) los pasos de Vera a quien acaso encuentre, puede dilatar la espera, postergar. No deja de ser curioso: ella conoce a Vera en este cuarto, duerme con ella en otra ciudad donde Vera la abandona por Renata, conoce por fin a Renata abandonada por Vera, y hoy espera en vano a Renata en el cuarto al que ha vuelto sin querer y donde esta historia comenzó. Es como un interminable juego de la oca, ¿o no? Recuerda largas tardes de chica, ella y Clara con Sara que las entretenía, dos pasos para adelante y tres para atrás. Obstáculos, desvíos de la naturaleza y otros fabricados, ríos que por alguna razón (ya no se acuerda) no se podían cruzar. Juego de la oca, encrucijadas: están jugando, aunque no se lo digan, ella, Vera y Renata, de pronto reunidas en esta ciudad. Encrucijada: es uno de los muchos nombres de la diosa que apaña la prostitución.

A Renata, cuyo llamado sigue esperando, la une y la unió siempre la distancia. Lo que presentía al fondo de Renata la alejaba de ella misma. Al mismo tiempo adivinaba, en las dos, un punto idéntico que era lugar de unión. Pero Renata le impedía descubrirlo; se ofrecía vacía, cortés, por fin ajena. Para ella fue el principio de un desafío, una instigación a la busca, muy pronto una dudosa vigilancia. Porque además de vacío había disimulo, escamoteo. Los ojos entrecerrados de Renata no le bastaban, buscaba la seguridad de las pupilas —o de los ojos cerrados.

Al evocarla (única posibilidad que le queda) llena los hiatos: es un modo de ejercitar una memoria que ya no practica sino de modo salteado, ajustándola a su deseo. Es obvio que Renata, que no vendrá ni hoy ni mañana, también es dueña de esta historia que podría contar de otro modo. También es obvio que ella arregla el relato, sintiéndose libre, pensando que Renata no lo leerá jamás. Repasa una vez más los primeros encuentros en la ciudad inhóspita donde la conoció. Vera había partido súbitamente, abandonándolas. En sus primeras conversaciones con Renata, ya tan lejanas que cree que las inventa, se sentía observada, inquirida. Posiblemente exagera: se sentiría incómoda y recurriría a juegos conocidos, al más cercano, el que se había dado entre ella y Vera. Con Vera había depuesto rápidamente armas y habla, protegiéndose: poco a poco suprimió anécdotas, personajes, descripciones, desapareció de la vida de Vera con sus relatos no contados. Pero con Renata, en la casa gris, contó de nuevo, a pesar de la mirada esquiva que tenía delante, a pesar del pelo de Renata que la distraía, tal vez por eso mismo. ¿Trataría de seducir con sus palabras? Sin duda, pero era tan infeliz en esa época que le cuesta creerlo; quería borrar la historia de Vera, y cuanto tocara a Vera (cuanto Vera había tocado), definitivamente.

Una tormenta de nieve hizo que una noche, muy tarde, aceptara la invitación de quedarse a dormir en esa casa. Compartió la cama de Renata aunque había otros dormitorios desocupados. Se ve y la ve a Renata, cada una de su lado y respetando exageradamente la distancia que las separa en esa cama enorme. Antes de que Renata apagara la luz vio, por primera vez, la piel de su espalda. Al día siguiente se vistió muy rápido y para despertarla se disfrazó con unos impertinentes y una gorra, como se disfrazaba de chica ante el espejo. Y se fue enseguida, sin hablar demasiado, la que no sabe irse. Afuera las calles estaban blancas, los árboles cubiertos de nieve, mientras caminaba hacia su casa le pareció que la ciudad se había vaciado de ruidos o que ella se había vuelto sorda. Cruzaba las calles mecánicamente, pensando sólo en la piel muy blanca de Renata a quien dejó de ver durante mucho tiempo.

Recién llegada a esta ciudad, ya instalada en este cuarto, llamó una noche a Renata, casi por cortesía; no calculaba, de veras, que volverían a encontrarse. Terminaba de comer en un restaurante barato que alguna vez había sido ruso y al que parecían acudir, sin duda por los precios, turistas cansados y discretos o personas solas, igualmente discretas y cansadas. Por curiosidad, y forzándose al desafío, empezó a mirar con fijeza a una mujer que comía sola en la mesa que tenía enfrente. Comían exactamente lo mismo pero el hecho no la sorprendió, dada la exigüidad del menú. Sí la sorprendió, en cambio, que la mujer recogiera su mirada y que la sostuviera, con una obstinación igual a la suya, mientras el tenedor iba y venía por un plato repleto de un guiso que apenas fue tocado por ninguna de las dos. Pagaron la cuenta casi al mismo tiempo, sin dejar de mirarse. La mujer —muy morena, con un perfil altanero que aún podría dibujar— bajó al baño. Ella la siguió, vio por la puerta entreabierta una espalda, una mano que manejaba un peine como al descuido, la cara en el espejo. Entonces cambió de rumbo, nunca sabrá por qué. Entró en la cabina telefónica y —no, no por cortesía; con trepidación—

llamó a Renata. Le dio cita a la vez que se decía, en vano, que estaba a punto de dejar la inacción protectora, el precario refugio de estas cuatro paredes. Llegó tarde al café donde debían encontrarse, caminó mucho y sin rumbo después de salir de la cabina, después de ver nuevamente a la mujer que le da la espalda en el baño, que ya, metódicamente, se peina y se arregla para salir a su vez. No pudo verle la cara en el espejo. Iba a ver a Renata.

De esa cita con Renata le han quedado sobre todo los detalles. La terraza del café ya casi desierta, la madera curva de las sillas, los vasos a medio vaciar, como si no los hubiera visto antes, como si nunca hubiera de verlos después. A medida que se acerca reconoce a Renata, ve a una Renata distinta, que la espera. La espía desde la acera opuesta, la encuentra dura y triste: le cuesta aceptar el pelo corto, el pelo que Renata ya no podrá recoger llevándoselo para atrás. ¿Por qué tan lastimada? Se lo pregunta al cruzar la calle y al dirigirse a su mesa, se lo sigue preguntando a lo largo de una conversación cautelosa y formal (tan distinta de las otras) que marca el resto de la noche hasta que se separan, sin haberse rozado, sin haberse dicho nada. Con todo sabe que se ha vuelto a iniciar una complicidad a través del diálogo de esa noche, tan cuidadosamente vacío.

El rigor de ciertas conversaciones, las buenas maneras —casi el decoro— entre amantes siempre la sorprendió. No habla de conversaciones en público, ante un público, donde la corrección es un modo cómplice, una distancia que se comparte. Piensa —ese encuentro con Renata, de quien aún no era amante, se lo hace pensar— en el ritual de la conversación privada, en las atenciones mutuas que van configurando una superficie reluciente y sin fallas. Piensa en lo que reemplaza, en lo que va borrando esa disciplina de diálogo que a menudo la tienta, a la que cede a menudo, como cedió aquella noche, y que no la satisface: ¿qué se evita, qué no se dice, qué —por fin— se está diciendo? Recuerda las distintas etapas de sus encuentros con Renata —el que ha descrito; los encuentros posteriores— y querría escupir el minucioso respeto que los tiñe. Intenta romper esas superficies discretas porque no le bastan, porque necesita decir más. Conversaciones que son trenos alrededor de algo que no se nombra, que alejan con ritos, que cortejan con ritos: para eso se habla. ¿Qué se dijeron, ella y Renata, esa noche, qué se han dicho desde entonces? (¿Qué se decían ella y Vera, siempre separadas por una cuidadosa fórmula cortés?) ¿Qué le está diciendo ahora a Renata, al quejarse de esos diálogos vacuos que por lo visto, entre estas cuatro paredes, añora?

Recuerda la primera noche que Renata vino a este cuarto. Con prudente ironía, acaso con algo más, hablaba de Vera, se reía de la coincidencia: que las dos estuvieran en el lugar que fue de Vera no dejaba de divertirla. (A ella la asustaba.) Renata hablaba también, con la misma prudencia y la misma ironía, de su soledad: había llegado al punto en que no necesitaba a nadie. Se sentía contenta, trabajaba bien, veía a dos o tres amigos, no le faltaba nada, no quería, sobre todo, conocer a gente nueva. Al oírla, recordó inmediatamente a una escritora victoriana que al final de su vida se encerró con orgullo entre los suyos, protegida por el pequeño grupo que ella misma convocaba. Pero poco tiene que ver aquel portentoso personaje —cuya actitud entiende— con la máscara cambiante de Renata que tiene a su lado; que se empeña en convencerla y al mismo tiempo, en cada gesto, se contradice. Entonces ella declara que sí se siente sola, también a veces necesitada.

Utiliza la seducción del desamparo porque no sabe —y no quiere— utilizar otra, y porque las palabras de Renata, de pronto, le devuelven una soledad con la que no se engaña. Renata entonces le toma la mano, la besa, y se va. Debe de haber creído que la dejaba exhausta y medio dormida en el sillón, flanqueada por un cenicero repleto y una botella casi vacía. Pero ella se asomó a la ventana para verla irse, con el mismo vértigo con que escribe ahora.

Escribe de un pasado tan cercano. Renata la llamó al día siguiente. Del llamado conserva lo que veía cuando sonó el teléfono: la mesa en que escribe, marcada por un tajo profundo que parece una avispa con una sola antena, los vidrios empañados, un ramo de fresias que acaba de comprar y el alto de libros que apenas toca. Se sintió amenazada pero aceptó comer con Renata esa noche, ya no por cortesía. De pronto le parece algo ridículo detenerse en los detalles de este episodio: está desmenuzando lo evidente, lo que tanto ella como Renata sabían desde un principio. Que volverían juntas a este cuarto, después de la comida, que Renata ya no se iría como la noche anterior; el lento reencuentro entre estas paredes, en esta cama estrecha, era más que previsible. En esa noche hay un momento dilatado, hacia el amanecer, cuando la conversación empieza a decaer y sólo quedan miradas, gestos, y una cama pequeña en la que no podrán darse la espalda. Nunca tocó una piel, la piel de otro, como esa noche. Nunca se sintió, hasta tal punto, entera y ella misma cuando se vio agotada junto a Renata, ya dormida, mientras entraba de pleno la luz del día. Se despertó sola a las dos de la tarde, incómoda y con hambre: se sentía a la vez vaciada y compartida, reclamando el cuerpo que ya no estaba pero que volvería a abrazarla —esperaba— a las pocas horas.

Piensa que ella dijo, en una misma noche y poco después de ese encuentro, las dos frases que Renata no le perdona. Que creía estar enamorada de ella, que necesitaba su cuerpo, que —sí— la quería. Y al mismo tiempo: que sin duda dentro de un tiempo se volverían a ver, simplemente como amigas, y eso le daba mucha pena. Ahora, al escribir, no sabe si está enamorada de Renata; sí sabe que no se vuelven a encontrar, siquiera como amigas, que hay un espacio sombrío entre ellas que su cuerpo acusa y su mente revive sin descanso, y que sí le da mucha pena. ¿Qué no le perdonaría Renata? ¿Haber dicho las dos frases en una misma noche? ¿Haber esbozado una confianza para inmediatamente borrarla? Ella piensa hoy que fue una forma retórica, que la segunda frase, irónica, corregiría los excesos de la primera, finalmente sincera. Pero también se dice que puede estar modificando un pasado, que la segunda declaración acaso no se limitaba a un coqueteo púdico: tenía miedo y tachaba de veras. En todo caso, con la segunda frase, inventó entre las dos la incertidumbre. Confirmó, sencillamente, la inseguridad que las dos compartían.

Recuerda una primera violencia suya, cuidadosa y temprana. Una noche, en la calle, se encontraron con una adolescente a quien sólo ella conocía. Sabe que en la hora que pasaron las tres juntas excluyó a Renata y cultivó la complicidad con esa muchacha, sabe sobre todo que al volver a este cuarto habló del incidente sin otro propósito que el de herir a Renata. Elige mal los términos: quería provocarla, pedirle una palabra, y terminó por lastimarla. Renata lloró (no era la palabra que ella esperaba) y ella también, más tarde, cuando Renata por fin se acostó sola en la cama y se durmió como un chico, encogida, dándole la espalda. Insomne, sentada en el sillón, ella entonces empezó a tantear una incertidumbre que esa noche, sola al lado de Renata, le pareció atroz. En la penumbra recorrió los detalles de este cuarto como si no pertenecieran a nadie: en él coincidían, como por azar, dos cuerpos distintos y en ninguno de los dos se reconocía. Veía sobre todo una zona oscura, mal delimitada, en la que no cabían ni una declaración inicial ni una frase final, y se dijo que algún día intentaría describirla. No durmió, pese a sus esfuerzos, cayó en un letargo en que cada palabra a la que acudía, como se acude en duermevela a los restos protectores de un sueño, era una palabra violenta. Y en la vigilia, a partir de esa noche, confiesa que se aplicó, frente a Renata, al ataque verbal, con una persistencia y un placer que la sorprenden.

Dormir con Renata. Después de aquella noche oirá como en sueños los reproches —los insultos— que Renata no se atreverá, o no querrá pronunciar durante el día. La despierta a medias la voz del cuerpo dormido que tiene en sus brazos, hace un esfuerzo por despabilarse, intenta establecer un diálogo con esa voz casi ausente. ¿Qué se le echa en cara? La voz responde, con dureza, y ella se promete recordar todo lo que le ha dicho. Por la mañana lo ha olvidado todo y arrincona a Renata, insiste, acosa: ¿tanto se puede borrar? Cada día es una lenta recomposición a partir de esa zona vedada que entra a reinar por las noches y las separa. Se pregunta si el placer, el abrazo, la ternura de cada noche no caen también en esa zona nebulosa, tachada por el día. Te mueves en un mundo de sueños, le ha dicho Renata. No sabe si es una comprobación o una denuncia: quizás ella también dialogue, en sus sueños, con Renata. Pero por lo menos recupera hebras de esas ficciones mancas que introduce en su día; en cambio Renata nunca le dijo lo que soñaba.

No sabe del todo qué hacía Renata, en las horas en que la dejaba. Ella se quedaba en este cuarto, fabricando sus días con vacilación, recordando el placer compartido horas antes como si fuera único y último, el placer que la hizo dormir. Pero también recuerda las voces nocturnas, la suya y la de Renata, que parecen negar ese placer con violencia y la desvelan, y por fin recuerda el despertar solitario: comprueba que Renata ya se ha ido y vuelve a dormirse, una o dos horas, para anular el vacío y poblarse, de nuevo, de sueños. Entonces se despierta entera, atenta a las últimas imágenes que ha fabricado sola, y empieza su vigilia; la noche que ha pasado es un rompecabezas que no intenta descifrar, aunque sabe que ha de repetirse. Al beber el té ya tibio y renegrido que le ha dejado Renata junto a la cama, ve sus veinticuatro horas cotidianas claramente divididas en dos partes y no sabe en cuál asentarse. Su día niega a Renata y la llegada de Renata, hacia las siete de la tarde, niega su día. Las dos aceptan —por lo menos aceptaban— esa escisión sin mayores complicaciones: eran días y noches perfectamente parcelados.

Retiene las parcelas porque las divisiones no suelen ser netas y claras, como ella las querría: las mentiras de Renata eran muy transparentes. Jamás le pidió explicaciones pero Renata las daba, en abundancia. A ella la impresionaba esa certera vocación por el desastre y la dejaba hablar. Se ve fumando una noche, sentada en la misma silla en la que está hoy pero apartada de la mesa. Se ha desviado para ver mejor a Renata que, desde la cama donde se ha recostado, cansada, le ofrece una versión del día que ha pasado. Nada, pero nada tiene que ver lo que oye —un relato trivial, repleto de actividades nimias y agotadoras, perfecto— con lo que sabe que ha hecho Renata, con lo que le han contado que Renata ha hecho. Se ve también en esa silla, fumando un cigarrillo tras otro, como un mercader mezquino: acapara mentiras, capta las fallas y las guarda, acaso le sirvan para más tarde. Mientras tanto Renata habla, gesticula, adorna su cuento. ¿Habrá sospechado una delación? Nunca como esa noche abundó tanto en detalles inventados. Cree que más tarde, cuando se acostaron, no abrazó a Renata. Por lo menos la satisface pensar que no lo hizo.

¿Y sus propias ficciones, las que le contaba salteadamente a Renata? La honestidad con que pretendía relatarlas —más bien: con que elegía relatarlas— era discutible, aunque sabe que no variaban las versiones. También sabe que calculaba el momento preciso de sus palabras. Recuerda que ante la imperturbable fidelidad de Renata, ante las declaraciones de fidelidad de Renata, le arrojó una noche, en la cara, un anillo que le había regalado y una ristra de injurias. De pie, apoyándose en esta mesa como quien se apoya contra una chimenea o el marco de una puerta, para distanciarse y recuperar energía, le contó, con minucia, que se había acostado con otras: el día antes, la semana anterior, ese mismo día. Exageró pero no mintió; dio abundantes detalles que no había fabricado, no escatimó las obscenidades. ¿Por qué ahorrarle a Renata —a la Renata diurna y reticente, no a la Renata que más tarde tocará (o que no se dejará tocar) en su cama— los placeres con que ella ha llenado, en parte, su día? Renata no ignora otros cuerpos; ella tampoco, quiere hacérselo saber. Revela entonces gran parte de sus reservas, con violencia y en nombre de una franqueza que tiene mucho que ver con su propia curiosidad. Que Renata no se esconda, que no le mienta más, que se acueste con quien quiera, que se lo diga sin más, como ella se lo está diciendo. Al oírse hablar siente la estupidez de la discusión que quiere provocar, del monólogo irritado en el que se empeña. Prevé un dolor para el que no está preparada y se reconoce impertinente, intrusa.

Renata, una vez más, la sorprende. La escuchaba desde la cama, con los ojos entrecerrados, con un cigarrillo que se fumaba solo entre sus labios y le cubría de ceniza el pecho inmóvil. No ha dicho una palabra desde que ella le arrojó el anillo. De pronto se incorpora como si se despertara y se desnuda. Sin mirarla se frota los ojos, se pasa la mano por el cuello, como si se acariciara. Sin mirar se acerca a ella, la desnuda, y recurriendo a las muy precisas descripciones que ella le ha brindado la hace gozar, una y otra vez. No la perdona, como ella no le había perdonado ningún detalle. La obliga, eso sí, a permanecer siempre de pie junto a la mesa, a no abandonar en ningún momento —Renata, que nunca le ha pegado, la golpea cuando ella se siente desfallecer— la posición que adoptó cuando comenzó a hablar. Sintió miedo, le pidió a Renata que se acostaran, sin duda también le pidió perdón, queriendo aplacarla. Intentaba fijar la mirada en algo que la sostuviera pero sólo veía, el bajar los ojos, la cabeza de Renata, la raya que exactamente en el centro del cráneo dividía un pelo que había crecido, que casi le cubría los hombros, que pronto podría llevarse hacia atrás y dejarse caer, perezosamente, como cuando la conoció hace años. Hubiera querido irse para siempre de este cuarto.

Erguida contra la mesa, despojada, vio que Renata se vestía. No intentó retenerla y cuando notó que se abotonaba la blusa desparejamente no dijo nada. Sólo registra lo pequeño, lo único que siente a su alcance: los cigarrillos y el encendedor, la cajita de plata que fue de Sara y que ella más tarde le había regalado a Renata para sus rituales remedios.

Los ve perderse en la cartera de Renata que no volverá, lo sabe muy bien, al día siguiente. Sola, cuando Renata cierra la puerta, procura rehacerse, hasta intenta burlarse. Por fin se sienta, repasa sus últimas semanas con Renata, y las recompone para asegurarse. Mira la mesa, ve que la pila de libros se ha desmoronado, en el suelo descubre uno que había olvidado que tenía. Lo abre al azar y cree consolarse al leer una frase: "Nunca bramé por nadie". A las pocas horas la despertaron los gritos de los chicos que jugaban en el patio. Llaman al padre, hay fuego, un incendio, algo que se quema, papá. Ella no se atreve a asomarse a la ventana. Sigue sentada en el sillón en que se sentó una muchacha al alba para coserle un botón a Vera. Está con un libro entre las manos: aterida, desnuda.

V

Por el que llega el escándalo, por la que llega el escándalo, y
para que llegue el escándalo. Han pasado días y alguien la ha
sacado de su cuarto, no sabe cuándo ni cómo, había perdido
toda noción del tiempo. Aun desnuda, aun sentada en el sillón —en el que sabe que pensó mucho—, ve a la portera que
le abre la puerta a una amiga suya, con quien tenía (¿ayer?
¿antes de ayer?) una cita. Mira el teléfono; está descolgado,
no sabe desde cuándo. Se vistió o la habrán vestido, no recuerda; recuerda, sí, que en un lugar que no era este cuarto
habló mucho, no sabe de qué, para que saltaran estas cuatro
paredes. Despertó en una casa que no era la suya. Vio la historia que narra como un tablero en que había previsto movi-
das, se maravilló ante la perfecta alternancia de los cuadrados, tal vez porque ese día estaba instalada fuera del tablero:
quizás comprendida en él pero en un casillero no previsto, sin
color, sin límites. Pidió apoyo a una música que la acompañaba, pidió apoyo al horizonte de colinas y de casas bajas que
veía por una gran ventana que no era la suya, pidió lo que
quería que le dieran: la huida también para ella, la posibilidad
de asentarse más allá, en pleno movimiento, no maniatada.
Esa noche, y en esa casa ajena, soñó por primera vez que vo-
laba. Flota dispersa entre tres canastos, unidos como los com-
partimentos de la gran rueda en un parque de diversiones, en
cada canasto hay un niño. Aumenta el placer cuando se van
descubriendo los posibles movimientos de ese tren de juguete

62

que partió rígido por el aire, que de pronto empieza a aflojarse, a atender a sus sinuosidades, que consigue mantenerse en el aire porque aprende a moverse, aprovecha su ritmo, se instala en él. Navega en forma de serpiente, experimenta el placer de cada impulso, los tres niños se zambullen y luego vuelven a subir, ella es parte de esa ondulación. De pronto la serie de los tres niños se arquea demasiado, la comba es exagerada, se rompe en dos la serpiente. Ve cómo se precipitan hacia una isla muy blanca dos de los niños, siempre dentro de sus canastos, siempre unidos. Se reconoce en esa caída, sabe que no se estrellarán: será un buen encuentro, confía en la arena blanca que los recibirá. Pero también se reconoce en el niño que queda flotando en el aire, suelto.

Fuera del tablero, hoy quiere hablar del mar cuyo olor imaginó esta mañana al despertar. De chica lo deseaba con fervor durante diez meses del año, corría a mojarse los pies, a tocar el agua, en cuanto su padre —que la conocía— detenía el automóvil junto a la playa, después de seis horas de viaje y antes de que se instalaran en la casa. En el agua desaparecían, en cuanto se sumergía, la gran cabeza de la que no sabe si piensa, la torpeza de su mano zurda, el pelo lacio tan lejano de los rulos rubios de su hermana Clara, los ojos que espían, sus preguntas. Juega a atacar el mar (lo sigue haciendo), atraviesa la rompiente, necesita encontrar ese lugar preciso donde surgen las olas y se mantienen suspendidas, tan lejos del fondo, antes de desmoronarse. Ella se busca y se encuentra allí, es parte de esa inmovilidad única, y luego se entrega al buen regreso que la lleva entre la espuma a la costa desde donde volverá a buscar ese movimiento suspendido, que la devuelve completa. Dentro del mar vivía, ignoraba con deliberación los llamados de su madre quien, desde la costa, gesticulaba impacientemente (agitando una toalla colorada) para que volviera. Ella le daba la espalda, desdeñosa, quería estar sola en el mar. No quería volver a la arena que se le pegaba a las piernas en cuanto decidía obedecer y abandonar el agua, con la que luchaba el resto del día al encontrársela, como algo muy sucio, en el pelo, en las alpargatas. De la arena le interesaba, sí, la franja mojada de la costa que dejaban las olas al retirarse, en la que aparecían inmediatamente orificios en los que ella cavaba con los dedos, sin encontrar nunca la almeja que buscaba. Cavaba alrededor de la ampolla de aire, cada vez más rápido, cada vez más hondo, pero el hueco que hacían sus manos le devolvía siempre el mismo orificio, cada vez más profundo, la misma ampolla.

Para que no se quedara demasiado en el mar la amenazaban con remolinos, con la quemazón de las medusas, también con un eventual ahogo. Las rayas de las medusas no la asustaban demasiado, le dolían pero terminaban por no importarle, como los tajos ya casi cicatrizados que se ve, hoy, en el brazo: no se trataba de un peligro temible. En cambio sí se acuerda de los ahogados de su infancia, de los salvatajes urgentes que se improvisaban al llamado de un silbato. Ve a una chica apenas mayor que ella que recuperaron casi inconsciente, a quien los bañeros llevaron, junto con un grupo de curiosos entre los que se contaba, al toldo de su madre. Recuerda la voz de la madre, muy excitada, que de pronto invita a todos para esa tarde, a una fiesta. La casa se llamaba "Las dunas"; ella hubiera ido, pero le explicaron que no se trataba de una verdadera invitación sino de un gesto. Esa tarde sintió la tentación de escaparse en bicicleta para comprobar (para espiar: no cree que hubiera entrado) si había o no una fiesta en "Las dunas". En el toldo hablaban mucho la madre de la chica y los bañeros, intercambiaban versiones del incidente. La chica —oyó que se llamaba Mercedes— tenía pelo muy negro pegado al cráneo, los ojos inyectados, no decía nada.

Ve en otra ocasión dos cabezas, que las olas alejan y que desafiaron a los bañeros. Un padre y una hija salieron mar afuera, más allá de la rompiente, más allá del punto suspendido, y no pudieron volver. Conserva de ese incidente el esfuerzo vano de los bañeros, que no logran entrar en el mar, pero sobre todo la imagen de los dos cuerpos abrazados, que no gesticulan, que no se mueven, y a los que el mar suspende en cada ola llevándolos más y más lejos.

Hoy querría estar sola en el mar: cómoda en el agua, dejándose ir, sin que nadie la llame desde la costa, sin salvatajes espectaculares. Simplemente con el agua, con el mar violento que añora porque lo necesita cada vez más. En esas vacaciones desaparecían los horarios o se modificaban tan radicalmente que el ritmo que marcaban era casi suyo. No se almorzaba a la una sino a las tres; no se comía a las nueve sino a las once. El pueblo al borde del mar era entonces casi un pueblo de campo, con algunas calles asfaltadas, con muchas diagonales que partían de una plaza central invariablemente seca, decorada con palmeras y un general de bronce: era un puñado de manzanas que de pronto se disolvían en quintas y en potreros. Había tardes en que se inventaba expediciones: atravesaba el pueblo en bicicleta, cuidando siempre de pasar por el minúsculo casino, bajo y cuadrado, para ver las caras aburridas que ya a partir de las ocho aparecían enmarcadas en las ventanas. Reconocía siempre a una amiga de su padre que se instalaba a jugar a las cinco y a quien había que convencer, casi por la fuerza, de que dejara de jugar a las diez. La ruleta —decía— es mi empleo. Tenía ochenta años; no recuerda en realidad la cara, sí un turbante violeta y cachetes muy pintados que provocaban comentarios. Solía ganar.

Más allá del casino se perdía el pueblo en caminos de tierra. La mandaban a comprar huevos a la quinta de una vieja árabe que le hablaba en francés y le daba besos babosos. En esa casa oyó un día, mientras la mujer seleccionaba los huevos y su hija Elisa le mostraba con orgullo una cicatriz de apendicitis, un discurso que inauguraba una larga dictadura. También iba a alquilar caballos para el día siguiente —recuerda el increíble empeine del paisano que los alquilaba, muy arqueado y apoyado en la punta, casi al descuido, en el estribo—, y con su hermana iba a una calesita, que giraba al compás de tangos y boleros y en la cual era muy fácil sacar la sortija. Iba a todos lados; por la tarde no la dejaban ir al mar, donde hubiera querido quedarse para siempre. No es del todo verdad que necesite recintos estancos como el cuarto en que vive, como el cuarto de baño en el que de chica se fabricaba una existencia, para imaginar: suelta en el mar, urdía fantasías igualmente satisfactorias. Habría querido, aunque fuera una única vez, volver al mar por la tarde, sola, quedarse en el agua hasta sentirse entumecida y totalmente entregada a las olas. Entonces se habría dejado llevar sin miedo, a una hora en que ya no había bañeros ni figuras maternales que se agitaban en la playa, y se habría dormido lejos, muy lejos de la costa, sintiéndose segura.

Al anotar ese mar que añora advierte que agrega otro rito a este relato. Un rito que no controla pero que tampoco siente necesidad de controlar, un rito en el que ella carece de papel fijo, en el que ni observa, ni espía, ni se aburre, en el que goza. Anota como si escribiera una carta sin destinatario, con exaltación: no quiere detener las palabras que siente pasar, sólo quiere rozarlas mientras caen, dejar que la lleven. Ya está de vuelta en su cuarto; ya las colinas y los techos, vistos desde lo alto, han sido reemplazados por el careo con las ventanas de enfrente, ya está sola de nuevo. Reconoce las cuatro paredes marrón verdoso —castrenses, le han dicho con sorna— como si fueran un lugar ajeno. Se acerca a la ventana, descorre las cortinas, es como si llovieran palabras. Quiere atrapar al caer, al flotar, alguna migaja, una sílaba que finalmente no logra tocar, que querría rozar con un dedo, con la palma de la mano izquierda. Esta tarde, de nuevo entre sus cuatro paredes, está suspendida en el aire, más allá del patio cuadrangular que mira desde su ventana, más allá de los recuerdos que ha inscrito para suplantar el mar que no le permitían al atardecer. Cae en un puro crepúsculo que la sostiene, entregada, con mensajes desmadejados, inconsistentes, que desaparecen en cuanto los toca, que se desarticulan quemados, penetrados, descompuestos, que vuelven a enlazarse a medida que caen, que ella cae, que tocan fondo para recobrar el impulso, que vuelven a surgir como nuevas organizaciones. Tachadas, zurcidas: las palabras y ella. Hoy ha caído, junto con su letra, pero hoy también —como en el mar— hace pie. Ve que las palabras se levantan una vez más, como se levanta ella, agradece la letra ondulante que la enlaza, reconoce las cicatrices de un cuerpo que acaricia. Vuelven a romperse cuerpo y frase, pero no en la misma cicatriz: se abren de manera distinta, le ofrecen una nueva fisura que esta tarde acepta, en la que no ve una violencia mala, en la que sospecha un orden.

Junto a la ventana se da cuenta de que sopla un viento nuevo, sin duda un anuncio de la primavera. Observa detalles en los que antes no había reparado, que se le escapan como las palabras porque también pertenecen a un orden, y acaso también indiquen desvíos. Se fija en el apartamento frente al suyo, donde una mucama embadurna, con gran desperdicio de betún, tres pares de zapatos; los pone a secar durante unos minutos en el antepecho de la ventana de la cocina. Luego, se diría, se enoja con los zapatos: no brillan —la ve empeñándose para sacarles lustre— como ella querría. Del fondo del patio suben, más que nunca, voces de chicos, un puro camorreo, gritos y chillidos que podría descifrar si se aplicara a leerlos como lee las medias palabras.

Volvió a esta ciudad para escribir pero no para escribir lo que está escribiendo. Pensó que lejos —¿lejos de dónde? Se aleja de todos sus lugares— escribiría. Algo que le interesara, se decía, un ensayo sobre autobiografías ¿por qué no? Como no podía delimitar la suya, de manera coherente, leería autobiografías ajenas: por pura curiosidad y para crear pretextos que luego le permitirían reunirse consigo, dar una imagen única. Pero este texto, con sus venganzas, con sus recuerdos, con los personajes que ya han surgido, con las circunstancias que les pertenecen, ya está demasiado lastrado. Autobiografías: qué placer seguir a un yo, atender a sus mínimos meandros, detenerse en el pequeño detalle que, una y otra vez, lo constituye. Qué placer recordar que alguien se cortó el pelo y dejó de comer queso, qué placer recordar que alguien se guardó la lanzadera de su madre, inútil, a pesar de que se la necesitaba. Estas líneas no componen, y nunca quisieron componer, una autobiografía: componen —querrían componer— una serie de violencias salteadas, que le tocaron a ella, que también han tocado a otros.

Ahora que empieza a bajar el sol, ve con melancolía que desaparecen del antepecho que tiene enfrente los zapatos lustrados, mal o bien; también reconoce un silencio notable, que le indica que los chicos ya han entrado a comer. Sin violencia le están sacando los detalles de afuera y se encuentra sola frente al aire como se encontraba sola en el mar. Desatiende el relato, lo posterga y se apacigua; necesitaba decir un momento bueno, querría que no se le fuera, confía en que se repita. O volverá a encontrarlo al releer lo que acaba de escribir. Pide ahora que la caída que siente no la deshaga; hace dos noches, a punto de dormirse, volvió a imaginar una cuerda colgada del balcón y se soñó ahorcada y boca abajo, como en un tarot. Querría caer del buen lado: que la historia no invada este lugar, que no lo corroa, que no se la lleve desprovista de palabras, que no la ahogue, que no la estrelle. Al caer se ve escribiendo en el vacío que le ofrece la ventana, para cubrir el relato y negarle, por un momento, la entrada.

No duerme en toda la noche, escribe con exaltación y con clemencia, para no hacerse mal. Permanece despierta y entregada en un cuarto donde eligió instalarse y que ya no le parece el cuarto donde se sentó a escribir por primera vez. Escribe ahora al alba y en esta mañana que se anuncia buena regalaría, además del destino que depuso, lo que está escribiendo. Que otros —Vera, Renata, una parte de ella misma que desconoce— se hagan cargo de lo que ha ocurrido y de lo que pueda ocurrir; que más adelante, pero no ahora, nutran y apuntalen lo que se escriba. Ahora sólo reivindica la felicidad casi física que le da esta mañana en la que adivina un conjunto eficaz. Dentro de unas horas, cuando haya dormido y se despierte a mediodía con la boca seca, recordará lo que escribe, sobre todo lo que hubiera querido escribir, con nostalgia. No es la primera vez que escribe al alba: piensa en poemas que escribió durante una ausencia de Renata, no tan larga como ésta, en los que acumuló palabras para no acostarse sola y repitió, línea tras línea, la separación para desviar el vacío inmediato que sentía. También salió exaltada de esa noche, pero deshecha; al acostarse, ya de mañana, recuerda el desconcierto de un gato que le había dejado un amigo por unos días y que había pasado como ella toda la noche en vela, inventándose juegos que lo mantuvieran despierto. Lo perturbaba que ella quisiera dormir a las ocho de la mañana, se le instaló en la cama y empezó a pasarle una pata por la cara. Aun así se durmió. De aquella noche, como de ésta, sólo quedará una cáscara ritual de palabras, cierto placer de la sintaxis, cierta demora en los nexos, el goce de las invocaciones repetidas, la satisfacción de las junturas. Despertará exhausta y desmembrada, con la sensación de haber perdido para siempre su letra, pero hasta ese momento se atreve a hablar de armonía.

VI

DESLINDAR. Si pudiera deslindar lo que busca cuando escribe de lo que busca cuando sueña de lo que busca cuando abraza. Siempre derrumbes: no tolera en el otro, como no tolera en sí misma, la falta de fervor. Los impulsos que la llevan fuera de sí son dudosos: escribe irritada, sueña herida o hiriente, ama con rencor. En los tres casos busca una fuerza que no mantiene cuando está sola: querría renovar siempre el placer y establecer, a la vez, una turbación continua, afirmar en lo otro —cuerpo, página, visión nocturna— una pura imaginación. Desdeña el pequeño goce, la satisfacción del juego seguro, quiere romper. Pero francamente ¿romper qué? Las líneas que escribe, que ayer fueron estallido, hoy son, de nuevo, refugio y prisión. Las cuatro paredes que ayer se derrumbaron hoy se han vuelto a recomponer alrededor de la espera y del recuerdo. Apenas sale. Sale, sí, todos los días, unos pocos minutos, para asegurarse una mínima subsistencia, para atender a su cuerpo del que empieza a ocuparse con desgano: buscarle cigarrillos, alcohol, algo de comer, comprarle un semanario de espectáculos a los que no lo llevará, hacerle limpiar la ropa, conseguirle remedios por si se le enferma, papel y tinta para cuando escriba. Aun así, económica y limitada, la salida cotidiana se le aparece llena de trabas. Sale de este cuarto e inmediatamente regresa: habrá dejado algo encendido, se ha olvidado del monedero, o de la bolsa, o de su breve lista de compras. Tiene la sensación de que no ha salido completa y quiere estar completa cuando compre su pan, cuando mire a alguien fijo en los ojos, cuando acaso se cruce con Vera, cuando por casualidad se encuentre con Renata que vuelve. Sale y una vez en la calle se dice que tendría que salir más a menudo: le gusta estar afuera, no ve a nadie que la esté espiando, para animarse tararea una canción o recita dos versos, siempre los mismos. Vuelve y se dice que esa tarde saldrá de nuevo, que se siente otra en cuanto cierra la puerta y deja atrás estas cuatro paredes. Pero no sale, no puede salir.

Cuando no duerme bien —comprueba que esto ocurre, en los últimos tiempos— la despierta el reflejo de la ventana (no ha corrido bien la cortina) como si fuera una puerta entreabierta en un ángulo del cuarto. Está de nuevo en casa de sus padres, en su cama de chica, aterrada por esa puerta a medio cerrar por donde vendrían a atacarla. En noches de tormenta, cuando el cuarto se iluminaba de pronto por un relámpago, veía claramente una cabeza, que desde el vano la espiaba, y se refugiaba bajo las sábanas. Aquí, ante la misma amenaza, se ha inventado un nuevo gesto para protegerse: se aferra a las sábanas y a las frazadas, con ellas arma un bulto que se acerca, con las dos manos, al pecho. No recuerda haberlo hecho antes.

De chica quería cerrar esa puerta entreabierta, salvarse: no ver el reflejo tamizado de la luna que llenaba el corredor al que daba su cuarto. Sospecha que a su hermana, que compartía el cuarto con ella, no le importaba tanto. Ella en cambio cerraba la puerta; y al despertar, la veía de nuevo entreabierta. Era su padre, que en alguna de sus excursiones nocturnas, había corregido ese gesto suyo, elemental: uno de los que recuerda con mayor nitidez por la energía que ponía en él. Su padre entraba todas las mañanas por esa puerta, antes de bajar a tomar el desayuno, para besarla. Supone —no duda— que también besaría a Clara pero vive ese acto como una intrusión personal. Su padre la despierta, la besa, arregla sábanas y frazadas que ella inmediatamente restituirá a su posición anterior, porque necesita tener los brazos fuera para poder seguir durmiendo. Al despertarse, una hora más tarde, recuerda esa despedida en duermevela como un ataque, también como una complicidad. Su padre le habrá dicho algo, ella habrá respondido, no sabe bien qué. ¿Y cómo lo habrá besado al padre? Temía la posibilidad de haberlo besado en la boca. Le molestaba que su padre aprovechara su sueño para tocarla cuando ella no quería que la tocaran: estaba durmiendo, sola. La molestaba también —terriblemente— que su padre manejara la puerta de su cuarto, que ella quería cerrada. A estas ceremonias se contrapone otra, también en un cuarto con las celosías a medio cerrar y la puerta entreabierta, el cuarto de su madre a la hora de la siesta. Clara y ella la acompañaban, la miraban mientras se desvestía. Una vez en la cama, la madre les pedía que le cantaran una canción de cuna; no una, varias. Luego cerraba los ojos y decía: "¡Qué lindo sería no despertarse!" Clara, antes de salir del cuarto, le cruzaba siempre las manos. Ella se ponía a hacer los deberes pero daba vueltas, volvía muchas veces a la puerta entreabierta para oír si su madre respiraba. Nunca llegó a aceptar la declaración de su madre como un rito vacío, tenía mucho miedo de que se muriera.

La presencia necesaria, inevitable, de su padre en sus recuerdos y en esta historia. ¿Cómo haberla eludido tanto —cómo haberla desperdiciado—, por qué haber excluido a su padre del mundo que se fabricaba de chica? De los hombres que conoce —hombres con quienes ha dormido, hombres con quienes ha hablado, hombres que tarde o temprano opinan— es la figura que conserva, que querría reconstruir. Ahora quizás podría escucharlo plenamente, decirle a su vez qué piensa y qué le pasa, en lugar de negarse al diálogo. Es una fantasía en la que protege a su padre —y se protege a sí misma— de un mundo de mujeres, muchas mujeres, que sin duda han pesado en las dos vidas que se contarían. En esa fantasía aprenden a reconocerse, ella y su padre, cada uno seguro de sus límites y de su cuerpo, cada uno distinto, los dos compañeros: de nuevo cómplices, pero de manera abierta, libre. Sabe que ahora está inventando una ficción con los recuerdos que le quedan —los más recientes— de su padre muerto. Llegaron a entenderse, más allá del control de su madre, poco antes de que él muriera. Entonces se sorprendió, retrospectivamente, de la repulsión que sentía de chica cuando su padre la tocaba, de su desazón ante aquellos besos matutinos que retenía como intrusiones —lo eran sin duda— y que vivía con desconfianza.

Sabía que su padre la buscaba. Rechazaba los besos y las caricias de la otra hija —ve a Clara, rubia y cariñosa, trepándose a las rodillas de su padre como un cachorro ávido— que pedía lo que él no podía darle; sólo lo reservaba para ella, y ella no lo aceptaba. Clara, porque reclamaba cariño de manera tan desembozada, era para su padre (recuerda el término que la hiere aún) una falsa: fingía cariño a cambio de algo. ¿De qué, se pregunta ella ahora como se lo preguntaba entonces? ¿Qué podía pedir una chica de cinco o seis años sino lo que evidentemente buscaba: que la acariciara el padre del mismo modo que la acariciaba, o intentaba acariciarla a ella, su hermana, que lo rehuía?

Nunca pudo hablar con su padre, aun adulta cuando se entendió con él, de esos rechazos, de esas injusticias, de lo que los había separado. Sabe que los hijos mayores suelen sentir celos y sabe que al principio ella los sintió, pero se transformaron tan pronto en lástima, en intento siempre frustrado de acompañar a Clara contra los demás y sobre todo contra su padre, que los ha olvidado. La perfección física que recuerda en la chica que fue su hermana, y que ella envidiaba, de nada parecía servirle a Clara; en cambio ella que nada buscaba, que era muy morena y no rubia como había esperado su padre, y que retaceaba sus afectos, era la preferida. Para siempre, en la mente del padre, quedó fijada Clara como una hipócrita. Querría consolarla ahora, nunca pudo hacerlo; no osaba intervenir, de miedo de que la retaran, de miedo también de que empezaran a distanciarla, como a Clara, con críticas. Su padre cuya figura atesora, cuyo cariño por fin aceptó y hoy le hace falta, lastimó y sin duda sigue lastimando, después de muerto, a su hermana.

A menudo, en crepúsculos como éste, casi de primavera, la asalta la noción de una familia quebrada aunque aparentemente presentaba una imagen inequívoca de unión. Se siente sola, cargada de un peso que no logra sacarse de encima, al escribir hoy tiene un nudo en el estómago, le cuesta juntar palabras, querría olvidarlo todo, que no la devoren con el recuerdo. Siente que al hablar de su padre, al hablar sobre todo de la puerta entreabierta que nunca le permitía cerrar, ha abierto a su vez un hueco amenazador dentro del relato. No una apertura que le permita salir de este cuarto sino una grieta por donde se insinuarán —ya se están insinuando— restos que la agobian. Quiere salir, llamaría a Vera para que le hiciera olvidar lo que escribe contándole otros relatos, llamaría a Renata para que la escuchara, así no tendría que escribir, se perderían las palabras. No, no las llama. Llama en cambio a un cine para averiguar la hora de una película, se jura (mientras llama el teléfono) que irá si hay tiempo. Una voz le indica la hora (sí, hay tiempo) pero también le dice que ya se han vendido todas las entradas. Entonces vuelve a su padre, con la sensación de una condena: seguirá hablando de él. (Ha bebido, ha fumado mucho, no sabe interrumpir, no quiere comer, no sabe cuidarse.) Escribe en contra de sí, con dedos que parecen de plomo.

¿Cómo era su padre, cómo era su madre? Poco retiene del trato que había entre ellos y que de chica habrá observado con detalle. Piensa que su madre le brindó de su padre, desde muy temprano, una imagen disminuida, la imagen de un chiquilín algo irresponsable pero querible, casi un hermano más, cuyos defectos se comentaban libremente, a menudo con tono quejoso. Supone que se querían; pero también discutían, y quedan en su memoria gritos y llantos nocturnos que le llegan, tamizados, por la puerta entreabierta junto a la cual se ha instalado, tratando de entender declaraciones que se le escapan, temerosa de que en esa pelea se esté jugando su suerte. Junto a la misma puerta —porque dormía mal de noche y ya tenía la costumbre de espiar— oyó en una ocasión otros sonidos, otras voces, frases de su padre y otras de su madre que la inquietaron más que las discusiones y que hicieron que volviera muy rápido a su cuarto. No tenía sueño, no hizo ruido, no encendió la linterna para leer bajo las cobijas, por fin se durmió a pesar de las ganas de toser que le agarrotaban la garganta. Desde esa noche, y por muchos años, dejó de interesarse por sus padres, por la relación que los unía, cuyos detalles —creía conocerlos todos— ya no la atraían. En los juegos con su hermana, cuando Clara fue suficientemente grande para seguir sus invenciones, nunca había padres ni maridos: se habían muerto en alguna guerra o simplemente nunca habían existido. Sólo estaban ellas dos —madres viudas, tías solteras o hermanas huérfanas— para organizar y llevar adelante al mezclado grupo de muñecas y animales de trapo que componían la familia. Jugaban a ser mujeres sacrificadas, habría algún drama en sus vidas, en todo caso no había hombres, no había un hombre como su padre.

No ha podido seguir. Se acostó rendida después de medianoche, bebida y harta cayó en el sopor. Hacia la mañana la despertó un sueño curioso. Está en la casa de sus padres, donde ahora sólo vive su madre, y que hay que levantar. Ya en la mesa del comedor se apilan los platos, las copas, todo lo que habrá que mudar o mandar a remate. Mientras ella pasea la mirada por esa mesa, recordando —tal plato donde una vez hubo una torta que le gustaba, tal copa igual a la que yo una vez rompí—, suena el teléfono. Es su padre muerto que la llama, la comunicación es mala, oye apenas su voz. Con dificultad empieza a distinguir palabras aisladas: primero la palabra Egeo, urgente, luego la palabra Éfeso, repetida varias veces. Es necesario dejar todo —le dice la débil voz de su padre— y viajar para ver a Artemisa. Ella, a la vez que lo escucha, cada vez más lejano, mira los platos sobre la mesa (en uno de ellos le parece ver sangre), mira también las flores del jardín, y sobre todo un jazmín del país, por la ventana. No quiere hacer el viaje, no quiere arrancarse; cuando le pregunta al padre por qué habrá de hacerlo, la comunicación se corta. Entonces oye la voz de su madre, que desde su cuarto, arriba, le pregunta con quién estaba hablando; no le contesta.

Su padre le ha indicado el itinerario a Éfeso. ¿Qué será

por fin ese viaje y por qué se lo señala la voz casi inaudible de su padre? Piensa en el Coloso, en la monstruosidad de los pechos múltiples y abundantes; también en los peregrinos que acudían a verlo y en la fertilidad que sin duda otorgaba la diosa. No se olvida, por otra parte, del que incendió el santuario: ¿para qué la manda el padre, para adorar o para destruir? Ella prefiere otra Artemisa, otra Diana, la cazadora suelta, no inmovilizada por un pectoral fecundo, pero para esa figura no parece haber santuario estable. Sí la deleitan los pechos de esa otra Diana, pequeños y firmes, apenas perceptibles bajo la túnica con la que la visten sus celebrantes del siglo dieciséis en cuadros y estatuas. Disponible, armada de arco y flecha, seguida de lebreles, no se detiene; no la lastran los racimos de pechos, maternales y pétreos, de su contrafigura, la enorme figura de Éfeso, cifra de la fecundidad. No, la otra Diana, la que ella prefiere —la Diana suelta—, no es fecunda. Reacia, desafía como cuerpo siempre deseable y siempre fuera de alcance: si hay algo de fecundo en ella es ese propio desafío, del que se alimenta. Pero tuerce los hechos: su padre no le habló de esta Diana virgen y esquiva, le habló en cambio de la otra, de la rotunda, la imponente, la fija. A ella tendría que ir.

La fecundidad: ignora dónde ubicarla, en su propio cuerpo, en lo que escribe, en lo que la rodea. Recoge fragmentos de recuerdos, acaso obvios, pero que para ella representan poco más que el hilo de la anécdota que los une. Así por ejemplo, cuando nació su hermana, se fijó en los pechos de su madre que la amamantaba e inmediatamente exigió —ella que apenas comía— que le dieran la misma leche. Su madre, para darle el gusto, exprimió una tarde algunas gotas de esa leche en un vaso, antes de darle de mamar a su hermana, y se las dio a beber. No le gustaron demasiado pero se empeñó en repetir la ceremonia varias veces. Más tarde se fijó en el cuerpo de su madre, que empezaba a ensancharse; en el colegio le habían explicado, con abundantes lagunas y lujo de fantaseo, cómo se nacía. A su madre la vio de pronto muy gorda y con cualquier excusa trataba de tocarle el vientre. La ve recostada en el jardín, en una silla tijera, después del té, mientras ella juega, o hace que juega, al croquet. Como no conoce bien el juego, abandona de pronto la ceremonia que empieza a aburrirla para acercarse a la silla de su madre. Se sienta a sus pies, poco a poco empieza a acariciarla, se arrodilla y descansa la cabeza sobre ese vientre que encuentra más grande que antes, en el que quizás lata algo que pueda percibir. Contó varios meses antes de darse cuenta de que se había equivocado. Su madre bajó de peso, al final del verano, y no nació nadie. Fecundidad: ignoraba entonces la palabra. No quería más hermanas ni hermanos y había bebido la leche que vio surgir del pecho de la madre con bastante recelo. La palabra sigue desconcertándola. Cuando su gata —porque no ha visto parir a una mujer— expulsó al primer crío, lo miró con rabia, lo olisqueó como ajeno a pesar de que estaba unido a ella, y lo alejó con un resoplido. Terminó por aceptarlo, como por obligación, y acabó siendo el preferido de la cría, al que la madre quería seguir amamantando aun cuando ya no tenía leche.

Siente que al caer en estas monotonías biológicas inicia un camino en falso. Tendrá que cumplir el viaje a Éfeso según otros rumbos, no sólo los que le indican estos recuerdos. ¿Por qué evoca su padre en el sueño a esa diosa impenetrable? ¿Por qué al mismo tiempo, al susurrar la palabra Egeo, le recuerda la muerte de un padre desesperanzado, víctima de un olvido del hijo? Sabe que necesita más tiempo; no cometerá sacrilegios, no desdeñará a la Diana de Éfeso sin intentar de veras develar su mensaje. Por hoy, cansada y sintiéndose culpable, no sabe de qué —sus culpas son tan indefinidas como sus enfermedades—, se acuesta. Tiene mucho frío, piensa en su madre cuya presencia se insinúa, más y más, en sus días. Por fin se duerme y el sueño la devuelve al caserón donde su madre ahora vive sola. Están ella y su hermana Clara en el cuarto minúsculo de la cocinera, acostadas en la cama estrecha. Se abrazan, se tocan, parecen quererse. La cocinera —una criolla enorme y pecherona— les lleva leche desde la cocina, en abierta complicidad, como queriendo protegerlas de la censura materna. El cuarto parece desligado de la casa, afuera se oye el ruido del mar. Se despierta del sueño sobresaltada, desprendida del cuerpo que siente que ha dejado en ese cuarto bueno, como si sólo le quedaran aquí los huesos y la calavera. Una vez más, esta noche, le será difícil dormir.

SEGUNDA PARTE

I

HA OCURRIDO lo temible. Le cuesta creerlo, le cuesta escribirlo, se dice que de haberse quedado en este cuarto lo habría evitado. Pero no: salió, sobrepasó el itinerario cotidiano —los quince minutos rituales de las compras—, fue demasiado lejos, se desplazó insensatamente y perdió los límites. Escribe desorientada, tantea el papel con la pluma, no consigue empezar.

Un amigo a quien no veía desde hacía tiempo la llamó antes de ayer para invitarla a pasar el fin de semana en su casa de campo. Dudó apenas; el llamado le pareció de buen agüero, se trataba de una salida, sí, pero de una salida protegida. Una manera, se dijo, de empezar a romper el encierro, de ponerse en movimiento. No sabía entonces hasta qué punto, ni de qué modo oblicuo, los hechos le darían la razón. Hubo otro motivo que la impulsó a aceptar: su amigo —frágil, autoritario, querible—, le recuerda a su padre. Los dos la han tratado paternalmente, los dos también por fin se confiaron a ella y ella se volvió escucha —y a veces consejera— de quienes querían aconsejarla. Piensa que este esquema resume adecuadamente su relación con los hombres a quienes ha querido, a quienes quiere: ellos relatan, ella se vuelve intérprete porque siente que le piden apoyo, termina una vez más siendo receptáculo de anécdotas ajenas y no cuenta las suyas. Las reserva, en detalle, para otros oídos, oídos de mujeres acostumbrados a escuchar. Les contará todo; acaso reciban sus relatos, acaso —como Vera— se nieguen a hacerlo.

La casa de campo, tan cerca, a tan pocos kilómetros de este cuarto; lo que su amigo se reserva, y sólo dice a último momento, es que habrá también otros invitados. Llegan después de un viaje matutino que al cambiarle los horarios le resulta doblemente cansador. Es la primera vez que sale de la ciudad, es la primera vez que visita esta casa. Como un gato que se encuentra bruscamente fuera de su ámbito, recorre la casa con cuidado, descubre las conocidas manías de su amigo, la necesidad de abarrotar cada cuarto del enorme edificio de piedra rojiza cuya estructura original ha sido respetada. Delante de la casa hay un gran patio de lajas en el que luego almorzarán, más allá un jardín cuidado y por fin, muy al fondo del jardín cuyos límites no distingue, una maleza que se transforma en un bosque al que irá, más tarde, sola. Ve que el bosque está en declive, acaso encuentre agua, un arroyo.

En el campo —lo que ella llama, en términos generales campo: una turbia mezcla vegetal en la que todo se le escapa salvo algún elemento aislado, una planta, un árbol que reconoce— busca el agua. La imagen del infierno que se ha forjado es un lugar con excesiva luz blanca; también un campo seco y polvoriento, sin agua. Recuerda viajes de chica, en los que veía pasar por la ventanilla del automóvil monótonas extensiones sin árboles y sin fin; temía morirse de sed en ese desierto tan amarillo, pedía agua que le vertían con parsimonia de un termo. Fue durante un verano en que sus padres decidieron no volver al mar y pasar un mes en las sierras. El viaje fue interminable; vio su primera tranquera, su primera lechuza (después las contaban en los postes, ella y Clara), aprendió de veras lo que era aburrirse y —cuando llegaron a las sierras— lo que era marearse. La palabra vado entró en su

83

vocabulario: era, ese año, un lecho de río reseco. La piscina del hotel tenía dos dedos de barro en el que chapoteaban los sapos, había que caminar dos horas para encontrar un arroyo con agua. Necesitaba ir a ese arroyo todos los días, a ese arroyo que tan pobremente reemplazaba a su mar, hasta que su madre —que no necesitaba agua, que revivía con el clima seco y caliente—, interrumpió los paseos al arroyo. Entonces ella se enfermó. Aire y agua: es lo que le faltaba, es lo que todavía le falta, aquí mismo en la casa de su amigo, en este campo poco salvaje y sin sorpresas.

Intenta reconstruir las conversaciones de ese fin de semana y comprueba que no las recuerda. Eran cuatro: además de su amigo y ella, un hombre y una mujer. Habrán hablado con discreción, está segura, intercambiando opiniones medianamente inteligentes, dando cada uno la medida necesaria para que no decayera el nivel de la amabilidad —como quien dice el nivel del agua en una represa. Ella salió a caminar dos veces. El primer día, como no se sentía preparada para entrar en el bosque del fondo, se dedicó a las granjas lindantes. En una de ellas vio un maizal —muy pequeño, controlado, nada tenía que ver con los campos que vio de chica— en el que trabajaban campesinos. De pronto recordó un relato de Vera que —decía— la había marcado; le parece reconocerlo en estos campos como no lo había sentido en el discurso de Vera. En el país de su infancia —contaba Vera— había campos limitados, parcelas que trabajaban los campesinos, por ejemplo sus tíos. Un día la mandaron de su casa a visitarlos. Al recordar lo que le han contado, de pronto ve a Vera en ese campo, o en éste que está mirando. Es una Vera niña (escaseaban, en el anecdotario de Vera, relatos de ese período), una chica en-

84

domingada que sale a visitar a sus tíos, que sale sola por primera vez. Tendrá seis años; la ve vestida de blanco contra el maizal amarillo. ¿De qué color sería, en realidad, el mejor vestido de Vera? ¿Qué se cultivaría en aquel campo que no es éste, al que Vera habrá llegado a pie, por senderos, como ella? Imagina a Vera contenta porque está sola; corre hacia la granja de sus tíos, cuando tropieza acaso se fije en el color de una piedra que recoge para luego arrojarla a los pocos metros. Cuando llega, los tíos, atentos a su trabajo, la reciben con indiferencia. Viven un día cualquiera, igual a los demás, en el que no parece caber la celebración de Vera. A pesar de la leche y de las galletitas que le dio la tía abuela volvió a su casa muy triste, sin fijarse siquiera en las piedras. No la habían mirado, no se habían detenido, le habían arruinado su primer paseo.

Al volver no le contó a su amigo, ni a sus invitados, el incidente. Reproducir esas imágenes a la hora del té, en el patio que empieza a llenarse de sombras, con el tono distante de quien narra una historia más, apenas curiosa, que no tocará a nadie —cuando se trata de la expropiación de un recuerdo ajeno—, le parece un acto de infidencia. ¿Contará Vera, frívolamente o no, lo poco que ella le ha contado? ¿Lo modificará, se lo atribuirá a ella, nombrándola, se lo atribuirá a sí misma, se lo atribuirá a un tercero? ¿Lo usará en lo que escribe? Ella hoy registra, sin compunción, esa anécdota de Vera, haciéndola suya, desconociendo la unicidad de la memoria: es un recuerdo que fue de Vera, que ahora le pertenece mientras lo escribe. No traiciona un relato privado: el relato privado no existe. Simplemente anota una interferencia que marcó un día suyo, cuando menos la esperaba. De contarla, no traicionaría; alteraría, eso sí, una voz. Hurto de la voz, lo conoce bien: es lo que le ha pasado con Renata. Renata que como un fiel perdiguero le trae —le traía— restos de sus palabras como si fueran de ella, recuerdos que de pronto habían perdido su identidad. Una muralla ante Renata, se dijo muy pronto, para permanecer con lo poco que tengo, que me queda.

Ha ocurrido, de veras, lo temible. El segundo día que pasó en casa de su amigo se acercó al bosque. No encontró agua, ni siquiera un lugar húmedo. Visto de cerca era un pobre pinar seco y exiguo, parecido a lo que ella creyó que era un bosque cuando, después de muchas llanuras, vio al final de un viaje cien metros cuadrados de pinos, plantados uno muy cerca del otro, en un vivero junto al mar. Al pie de los árboles había pedacitos de cáscara de huevo, caídos de algún nido, ella los recogió para no olvidar que había estado en un bosque, en lo que ella consideraba un bosque a pesar de que estuviera enclavado en un vivero. Aquí no hay nada, salvo los árboles: no hay cáscaras de huevo, no hay ruido de agua, apenas hay luz. Se permite la exploración, finalmente corta, poco antes de la hora de la comida.

Apenas había luz; pero cuando se sentó junto a un árbol, recostándose en el tronco, se dio cuenta de que había elegido un lugar ya habitado. La invitada de su amigo ya estaba allí, de pie, habría estado de pie no se sabe desde cuándo, apoyada contra otro árbol. La molestó encontrarla sola, lejos de la casa y del patio, fuera del escenario que hasta entonces habían compartido; sintió la misma turbación en la sonrisa tirante, inquieta, que le dirigió la mujer. Intentaron reproducir, con torpeza, el tono amable, la divertida ironía de los tés, almuerzos y comidas que las habían reunido en estos dos días, luego pasaron, las dos tímidas y suspicaces, a otro tono y a otra conversación. Se dicen de dónde vienen, hablan de lo que han hecho, de lo que hacen: parecen dos recién llegadas a un colegio nuevo que se hacen preguntas y confidencias de rigor, menos para conocerse que para afirmarse en un ámbito extraño. De pronto ella sintió que la conversación se estrechaba, que después de los inocuos desvíos se encauzaba en una sola dirección, hacia un punto peligroso y vedado. Lo supo claramente cuando en el diálogo empezaron a surgir nombres: primero, los de amigos comunes que se descubrieron; por fin —como si las palabras que se habían dicho antes fueran una lenta convocación— el nombre de Vera. La mujer, que se ha sentado por fin a su lado, juega con las agujas de los pinos, con dedos nerviosos: las organiza en haces, en pequeñas parvas. Frunce la boca cuando habla, como si no aprobara o como si hiciera esfuerzos por comprender algo que está más allá de su alcance, más allá de las pequeñas construcciones que arma. Tiene arrugas, muy marcadas, alrededor de la boca, arrugas de mujer vieja. Comienza a hablarle de Vera, como al descuido, tratando de recuperar el tono perezoso e indiferente de sus conversaciones en la casa. Le dice: Vera me ha hablado de usted, no recuerdo cuándo. Ante esa frase ella también querría volver al tono que la mujer no logra restablecer, contestar con desparpajo: ahórreme los detalles, los adivino. En cambio sonríe y se calla, para protegerse y darse tiempo antes de responder. Se siente curiosa y cómplice, a la vez desnuda, como si la hubieran descubierto en falta.

Vera: ¿por qué la invade? Controlaba el recuerdo del día anterior, no necesitaba una nueva intromisión: ¿qué tiene que ver ese recuerdo robado con lo que le dice esta mujer, empeñada en imponer a una Vera nueva y viva? En cuanto la otra —nunca sabrá su nombre, sí su sobrenombre, poco memorable— menciona a Vera, siente renacer dentro de ella la misma curiosidad, la misma avidez que la llevó años antes a seguir a Vera, a espiarla, a sorprenderla. Al hablar la mujer se vuelve menos tensa, deja de fruncir la boca, se anima ¿se habrá acostado con Vera? Sospecha que Vera le ha confiado detalles —Vera en sus conquistas, y con fines precisos, brinda datos bien elegidos de sus aventuras previas—, detalles que la tocan, a ella, en este momento. No habló más. Como para clausurar un diálogo que apenas ha comenzado, surgen las barreras: se ha hecho tarde, las esperan para comer. La mujer destruye, con un gesto impaciente, las estructuras que ha armado con agujas de pino y que han suplido, más de una vez en la última hora, los hiatos de una conversación difícil. Se levantan al mismo tiempo. Mientras regresan a la casa, la mujer interrumpe el silencio para decirle que querría verlas juntas, a ella y a Vera. La declaración le parece desplazada, atrevida, un manotazo en el vacío, en el desorden, antes de llegar a los rododendros que bordean el patio, antes de pisar la primera laja y que se reanude, entre ellas y ante los otros, el decoro, la distancia. Se siente requerida indebidamente, le piden que se desempeñe (¿y por qué razón?) en una representación nueva para la que no se siente preparada. Sin embargo sonríe y tácitamente acepta: reconoce que el reencuentro con Vera ya es inevitable. Sí, sonríe que sí, pasiva y aquiescente, vuelve a sonreír cuando la mujer —que a medida que se acercan a la casa se pone rígida, recompone su gesto indiferente, desdeñoso— le propone una fecha precisa. Comerán las tres juntas ¿por qué no? En ese punto se borran sus recuerdos del fin de semana.

Ha vuelto a su cuarto, de nuevo escribe, ahora con miedo. Pensó que la cita no se daría pero fiel a su proyecto la mujer acaba de llamarla, para confirmar el día de la comida, y de nuevo ha aceptado. En vano enmascara ese encuentro, lo corrige de antemano: ¿por qué no ver a Vera para distraerse, se dice, para olvidar el vacío que le ha dejado, como un tajo en el costado, Renata? De poco le sirven estas anticipaciones inútiles, en las que ella maneja el encuentro: en el fondo sabe que la situación será distinta y que está a punto de lanzarse a un terreno inseguro, a un pantano que puede deshacerla. En este cuarto reseco, sin ilusión de campo, sin agua ni paisaje, querría saber qué, en los días pasados en casa de su amigo, provocó sus dos encuentros inesperados y oblicuos con Vera, uno operado por el recuerdo, otro impuesto del exterior. Su amigo no podrá decírselo; nada sabe —supone ella— de esta historia. De todos modos habrá de descubrirlo sola, sin consejeros.

Anoche, en sueños, se sintió visitada por el mal. Más exactamente: por lo diabólico. Ve a una mujer que quiere herirla: tiene en las manos una navaja afilada con la que juega distraídamente, como no dándole importancia, pero con ella le cortará las venas (lo siente), le partirá lentamente, con cuidado, las pupilas. Ella está con alguien, abrazada a alguien que la acompaña y que quiere defenderla, pero la imagen de la mujer con la navaja es más fuerte: le pide a su protectora que la deje sola. Luego, sin dejar de mirar a la mujer que con el índice comprueba la eficacia del acero, se acerca a ella, la besa en la mejilla, se entrega, en un acto de aceptación y de reconocimiento. Al despertar recuerda el final, o más bien la interrupción del sueño: se han quedado las dos detenidas, ella y la mujer con la navaja, como esperando algo.

II

PARA LLEGAR a esta casa, para tocar el timbre a la derecha
de una puerta de roble casi idéntica a la suya, ha debido
arrancarse de su cuarto, de su mesa, de la cama donde pasó la
mayor parte del día, ha debido violentarse. Ha vivido tantos
encuentros con Vera, urdidos por su imaginación, que se
siente desprotegida ante el que le han preparado fuera de su
control. La mujer la recibe con la misma sonrisa nerviosa y
con las mismas manos desasosegadas que había observado
días antes, en el bosque. En lugar de jugar sin cesar con las
agujas de pino hoy recorre con los dedos, una y otra vez, una
de las ranuras del brazo del sillón en que está sentada; siempre la misma ranura, como si quisiera ahondarla, marcarla
con sus uñas cortas y fuertes, diferenciarla de las otras. Están
sentadas frente a frente en un cuarto grande, cómodo, algo
desarreglado. La mujer prepara dos whiskies, bebe el suyo
casi de un trago y se levanta para servirse otro, mientras ella
recorre con la mirada el cuarto, sobre todo la biblioteca. Observa, divertida, que abundan en ella novelas de los años
veinte y treinta, novelas que a ella le prohibían. Siempre ha
pensado que esa ficción ágil y desenvuelta, en general descar-
tada por su supuesta frivolidad, era lectura de hombres, tan
cosmopolitas y tan apurados como los protagonistas. Se pregunta quién leerá esos libros en esta casa, se pregunta al
mismo tiempo quién los leería en la suya salvo ella, en la
cama, protegida por las cobijas y a la luz de la linterna. ¿Se-

rían libros de su padre, heredados de su hermano Arturo, el despilfarrador a quien habían perdido —de nuevo recuerda las frases entrecortadas de sus tías anglosajonas— las mujeres y las ideas raras? Seguramente leía esos libros.

Sigue asimilando el cuarto furtivamente mientras esperan, ella y la mujer, como en una obra de teatro, la entrada del intérprete principal que aclamarán los aplausos del público, marcando el verdadero comienzo del espectáculo. Vera llega con atraso o, quizás a propósito, ha sido citada para más tarde. La conversación gira en torno a una gata que después de prescindir durante largo rato de su presencia ha venido a olisquearla con detenimiento y a frotarse contra sus piernas. La mujer le hace notar, con sonrisa cómplice, el costado del sillón en que está sentada, deshilachado por las uñas de la gata que, sabiendo que se habla de ella, les da la espalda y empieza a lavarse. El timbre que anuncia a Vera la despierta, parece ponerla a la defensiva: de un salto se les escapa para refugiarse en un estante de la biblioteca, tras una hilera de libros pequeños que le sirven de barricada y por encima de los cuales sólo sobresalen sus ojos vigilantes y amarillos, más impávidos que los de un juez.

Futilidad de las previsiones, de los esquemas armados como escudos en el vacío de la soledad invulnerable y que en la realidad resultan, de inmediato, ineficaces: al ver entrar a Vera, comprueba una vez más esto que sabía, que se ha repetido días pasados sin convencerse. Ve entrar a una mujer y es como si viera entrar a una desconocida, por completo desligada de sus recuerdos y de la ficción que con ellos ha fabricado; nada tiene que ver con la otra Vera. La ve detenerse a pocos pasos de la puerta por donde ha entrado, ve a la mujer de pie, al lado de ella, tendiéndole la cara para besarla, se ve a sí misma, incorporándose del sillón, acercándose a la recién

91

venida que se dirige hacia ella —se dan la mano, apenas se rozan los dedos—, ve de reojo la mirada fija de la gata. No le cuesta sonreírle, intercambiar con ella cortesías, mientras la mujer, dándoles la espalda, vuelve a llenar los vasos. Se enfrenta a un personaje nuevo.

Su primera reacción, al mirarla, es una mezcla de interés y de rechazo. Ve a una mujer todavía joven, de buenísima figura, pero algo en ella acusa, de manera demasiado clara y patética, la conciencia de una etapa cumplida y la rebelión ante una decadencia que ha de sentir como inminente. No sólo es el pelo bien teñido, la ropa de mujer más joven, sabiamente descuidada —Vera que cuando la conoció se vestía con severidad, con exceso de discreción, para asegurarse una imagen que en esa época quería ser seria y digna—, el cuerpo sometido a rigurosos ejercicios y atenciones antes desconocidos. Hay algo en la actitud, en la manera de hablar del personaje que de pronto le recuerda a los bellezones viejos que no se resignan a abandonar su papel de conquistadores, que se empeñan en permanecer como caricaturas de lo que han sido. Piensa en afeites, fajas, dientes postizos, peluquines a pesar de que la mujer que tiene delante de sí le lleva sólo diez años y es aún deseable. La molesta un destiempo que parece ritmar a esta nueva Vera, un desajuste que intuye. Vera, después de haberla visto por primera vez, la juzgó y le dijo que debía sentirse mal en su piel; hoy ella diría lo mismo de Vera.

Volver a lo que ya se ha visto y que se creía conocer, mirarlo con mirada nueva. Evoca un primer regreso a la casa de sus padres, después de una ausencia de cuatro años. Sintió entonces que volvía a un lugar familiar, que no le era ajeno, pero veía todo —la casa, el jardín; a sus mismos padres— reducido, más pequeño, como si ella, durante esos cuatro años, hubiera crecido. Al mismo tiempo no podía apoyar del todo, sobre aquel conjunto dispar de personas y objetos, una mirada nueva, inocente, como si se tratara de un lugar al que llegaba por primera vez. Quería descubrir, en el espejo ovalado del baño, otra cara que la propia, y el espejo le devolvía su cara, algo cambiada desde la última vez que se miró en él, pero inevitablemente la suya. A las dos semanas de ese regreso se preguntaba, desconcertada, para qué le había servido la distancia: la casa disminuida seguía albergando su niñez y su adolescencia y su nueva vida volvió a tejerse en ella, como un remiendo que no ha de notarse. Recuerda que los primeros días que siguieron al regreso empezaron a visitarla —más bien: a invadirla— no sólo incidentes o detalles olvidados sino sus viejos miedos: cuando subía a acostarse —tarde, porque se había quedado leyendo abajo— apresuraba, como cuando chica, el paso hacia la luz del corredor de arriba, con la convicción de que atrás quedaba algo oscuro que la amenazaba, que podía arrastrarla escaleras abajo si no se apuraba, y que la retendría para siempre. De chica odiaba esa subida, sobre todo porque una noche su temor cobró forma: la mandaron a acostarse y vio, en el descanso que marcaba el ángulo de la escalera y junto a una planta que estaba siempre a punto de morir, un escorpión. Gritó, sabe que lo vio, pero no la creyeron, le aseguraron que en esa ciudad no existían, que no, no podían existir los escorpiones.

Aquel retorno a casa de sus padres empezó a parecerle tan desesperadamente normal que intentó en esos días exasperar su imaginación —tan corta entonces como ahora—, provocar la sorpresa que suponía (porque ya no podía asegurarlo) habría sentido a su llegada. Se decía, queriendo convencerse, que al volver después de cuatro años de ausencia habría visto, por única vez, los árboles de su calle como árboles, los adoquines de su calle como piedras, sus padres como dos seres extraños. (Le había costado reconocer a su padre en el puerto: lo vio algo encorvado, encogido, el cuello de la camisa empezaba a quedarle grande.) Sin embargo, pese a sus esfuerzos, todo recuperó obstinadamente su estatura habitual: todo —casa, calle, jardín, sus padres— pasó a ser telón de fondo, marco pobre que volvió a encuadrarla.

Al enfrentarse nuevamente con Vera siente la misma reacción ambigua que le provocó aquel regreso. Se ve en una encrucijada, ante dos caminos igualmente practicables. Podrá, por un lado, cultivar la extrañeza del encuentro, aprender a conocer al personaje nuevo, descubrir datos que ignora de esta segunda Vera y que le permitirán incorporarla: la incrustará en recuerdos nuevos, los que acopiará a partir de hoy, configurará con ellos una ficción que se inicia en este momento, escribirá a esta Vera en un lugar muy lejano del que ocupaba la otra, conocida. Pero podrá, por otro lado, recuperar en la nueva Vera resabios y trizas de la primera, imponerle a este personaje, que por ahora para ella está vacío, recuerdos y rencores viejos, empalmarlo con un pasado y situarlo en el lugar que le tiene reservado. Como al ver de nuevo la casa de su niñez, se siente dividida y vacilante. Está suspendida ante una opción de la que no es dueña: no será ella quien elija uno de los dos caminos sino la presencia nueva que, gradualmente, la impulsará en una u otra dirección. Sabe —ya lo está comprobando al reconocer, mientras beben un último whisky antes de comer, gestos mínimos de la primera Vera en la segunda que tiene al lado—, que los dos rumbos posibles distan de ser nítidos y excluyentes, como querría que fueran. Aparecerán, ya aparecen, las rémoras que harán de esta Vera un personaje híbrido, contaminado, que tardará en ubicar.

94

Pasan a un comedor muy grande y oscuro, polvoriento. Las paredes, de color crema, están manchadas por la humedad, descascaradas. Al sentarse apoya la mano sobre la mesa para tomar su servilleta y nota que el equilibrio del círculo de madera que las reúne a las tres es precario: bastará que ella, o Vera, o la dueña de casa ejerzan la más leve presión sobre él, en el transcurso de la comida, para que se acuse el desnivel, con un crujido implacable que resulta, a fin de cuentas, cómico. La sorprenden en este cuarto el descuido y los contrastes: hay un gran ramo de flores frescas, colocado inexplicablemente en un rincón sobre una mesa pequeña e insignificante, hay también una gran frutera de plata, repleta de peras, duraznos, racimos de uva, que no llega a corregir, pese a su volumen, la inestabilidad de la mesa enclenque a la que se han sentado. La comida la sorprende por el mismo desequilibrio, la misma falta de orientación: alternan lo insulso o recocido con lo perfectamente preparado, en serie caótica. Atraída por el olor del pescado, la gata se acerca, da un salto que hace peligrar platos y cubiertos, se instala en la mesa junto a su dueña que le da de tanto en tanto, separando con el tenedor la gelatina y el estragón, un bocado. La gata lo caza con avidez y, como si se tratara de una presa que aún tiene que estudiar, se retira a un rincón oscuro del cuarto para desmenuzarlo con lentitud. La ceremonia de saltos, idas y venidas se repite, deja de ser (apenas lo ha sido) tema de conversación. Cuando sirven el segundo plato la gata se cansa, abandona el juego y desaparece.

Ella observa a Vera, observa también, pero ya con interés menor, a la mujer que las ha invitado. No volverá a verla después de esa noche, lo presiente durante la comida: de algún modo ha cumplido la misión de intermediaria para la cual —y nunca sabrá por qué— se propuso. Si ahora mira a la mujer lo hace casi sin curiosidad, no con los ojos con que la descubrió de pie junto a un pino, en el campo. Y si habla con ella, es con una voz distinta de la que usó esa tarde, cuando estaban solas. Ya no le interesa, ni le interesa el por qué de los libros de su biblioteca, del lugar que ocupan las flores, ni de sus comidas arbitrarias. La mujer ha pasado a ser público, único testigo, casi espía, de este encuentro. Acaso la use Vera en situaciones parecidas a la que viven esa noche, como la usó a ella durante un tiempo muy corto, como sin duda usa a las mujeres que abandona y que, más o menos atadas a ella, siguen manifestándole afecto, haciéndole favores, riéndose de sus ironías, fieles a pesar de su afrenta y sensibles a sus coqueteos. Vera prevé sus limosnas con cálculo, halagando sin ofender del todo a sus siervas. ¿Para qué las usa? ¿En nombre de qué, salvo de sí misma disminuida, recurre a esta triste corte? Sabe que también Renata desempeñó durante un período ese papel de lacayo, de bufón incompleto: reírse y criticar con Vera, no reírse de Vera y criticarla. La verdad, o una verdad que podría irritar a Vera, nunca se pronuncia en este gineceo de adoratrices maniatadas. Cuando a ella le tocó desempeñar ese papel de confidente y testigo —más bien: cuando Vera quiso atribuírselo— intentó desempeñarlo a fondo, sin barreras. Duró poco en sus funciones.

Como con pereza Vera comienza a hablarle durante la comida despareja. Le pregunta qué ha hecho desde que se vieron por última vez; qué tontería perderse de vista durante tanto tiempo. Ella que sabe —como lo sabe Vera— que dejaron de verse por algo más que una tontería, la deja hablar. ¿Terminó lo que estaba escribiendo, pregunta Vera, aquel texto donde desmenuzaba —Vera emplea la palabra que ella no hubiera elegido: piensa en la gata que arrinconaba, hace un rato, sus pedazos de pescado— desmenuzaba, sí, ciertas narraciones con el propósito de demostrar que el personaje de ficción es un puro espejismo, una organización de términos diversamente acentuados, un mero objeto verbal? Vera de pronto abunda en el tema como si comentara un texto concluido, consagrado, como si se tratara casi de un texto propio. Acude a la dueña de casa que las escucha, mientras empieza a enfriarse el café con el que ella, para evitar las palabras de Vera que de nuevo le roban algo, acaba de escaldarse la lengua.

Inteligencia, rapidez, curiosidad, cultura: desde muy chica vio llover sobre sí esos halagos, fabricados con orgullo por sus padres, que poco sabían de ella, para impresionar a otros padres. Conocía muy bien la vacuidad de esas alabanzas que en privado cambiaban de signo y servían otros fines: cuando preguntaba en su casa si era linda (no lo sabía), le contestaban que linda exactamente no, pero que tenía muy lindos ojos y que era, sobre todo, muy inteligente. Ahora oye las mismas declaraciones triviales sobre su inteligencia, proclamadas en público y usurpadas por Vera acaso con el mismo propósito que animaba a su familia. Vera intenta asociársela; usarla como usa a esta mujer o como sus padres la usaban a ella en público, en un juego que no entiende pero cuyo fin es, por lo visto, provocar envidias encontradas. A medida que progresa la apología —sigue hablando Vera, que jamás leyó una línea suya sin desdén—, ella observa que también la dueña de casa juega con el café, casi helado, y que se aburre. ¿Qué esperaría del encuentro suyo con Vera, esta mujer que de pronto la mira fijo y cuya mirada ella sostiene mientras la voz de Vera se empeña en perorar en el vacío? Sin duda algo diferente de esta forzada conversación intelectual en la que apenas ha intervenido, que se ha vuelto rápidamente monólogo y que no toca —lo saben tanto la mujer como ella al entrecruzar miradas— a nadie salvo a Vera.

Se levanta para irse y al pasar a recoger una tricota que ha dejado en el otro cuarto ve que la gata se la ha apropiado, la ha transformado en nido. La mira con reproche cuando ella interrumpe su sueño para desplazarla, bosteza y vuelve a su puesto de vigía detrás de los libros. Se despide de la mujer —nunca sabrá su apellido— y entonces Vera, con la cara cansada, derrumbada, declara que se irán juntas, se ofrece a llevarla a su casa en su automóvil. La boca de la mujer que acaba de sonreírle se frunce ligeramente, es un final que no esperaba, sus ojos permanecen ausentes. Las acompaña hasta la puerta; ella se despide y empieza a bajar inmediatamente evitando las minucias de la otra despedida que adivina compleja y de la que le llegan, en la escalera, algunos murmullos. Baja sin apuro, observando o inventando detalles para llenarse con insignificancias, con cosas que no la toquen.

Al describir esta comida procura darle el lugar exacto que ocupó para ella esa noche. Ve las horas pasadas en casa de esa mujer que apenas conocía como una preparación, un ensayo general, en terreno neutro, del verdadero reencuentro con Vera que se produjo más tarde. Porque cuando Vera bajó detrás de ella y se encontraron juntas y solas en una acera desierta, se dio muy bien cuenta de que no entraba en sus planes inmediatos llevarla a su casa. Se dirigían hacia el automóvil cuando Vera, con uno de esos gestos impacientes que se la devuelven tal como la había conocido, declara que no tiene sueño. ¿Por qué no detenerse en algún lado, tomar algo antes de acostarse? Mientras lo dice parece revivir, sacudirse de encima la parte de la noche que han compartido, la presencia de la mujer que las invitó. Ella tampoco tiene sueño pero preferiría volver a su casa, a este cuarto, recomponer sola las horas que acaba de vivir. A la vez la tienta la posibilidad de seguir observando a Vera, de descubrir lo que intenta al proponerle una continuación del nuevo encuentro. Es evidente que Vera quiere hablar con ella; no como han hablado, o como apenas han hablado, en la casa que han dejado detrás sino de otro modo.

Las dilaciones, cuando presiente una urgencia, la irritan. Vera quiere hablar con ella pero lo que le propone significa una demora: comer ostras, tomar vino, en un lugar que parecería conocer sólo ella. No: ella propone en cambio que beban algo en un café cualquiera, de barrio. Vera acepta con poco entusiasmo, como un chico a quien se le niega un juguete con una sugerencia que es ya decisión. Ella tiene plena conciencia de lo que le niega a Vera: la posibilidad de pisar fuerte en terreno conocido, de intercambiar saludos, sonrisas, de mostrarse. Sin embargo no se siente dispuesta —muy poco después de conocer a Vera dejó de sentirse dispuesta— a acompañarla, como una confidente de tragedia clásica, para escucharla en los momentos vacíos de la representación. La Vera que se impone, que sigue conquistando, no deja de traicionarse en pequeñeces. Arma una corte que domina, pero su dominación vive de luces prestadas. Necesita sin cesar —como parece necesitarla esta noche— la confirmación de un grupo establecido, el que ahora come ostras y bebe vino en ese preciso lugar que le ha citado. Ella la comprende a medias; el esnobismo es también una de sus pasiones, pero seguramente no tan burdo.

Vera, nueva rica en las relaciones que establece, en las que procura restablecer. Todo ha de pasar —abrazos, lecturas, venganzas; hasta los más mínimos contactos con los otros—

por un derroche, por una actitud excesiva. Tanto quiere impresionar que, después del primer deslumbramiento, da lugar a la duda. Recuerda de pronto que hace años, hablando con ella, Vera declaró que, por encima de todo, deseaba querer; y ella con rabia —había un testigo, una amante pasajera de Vera— declaró que en cambio deseaba ser querida. Vera entonces se rió con simpatía y le acarició la cabeza. Pero esta noche es Vera quien necesita el apoyo o el reconocimiento de los otros y de ella misma, es Vera la desamparada.

Cómo tendría que haber desconfiado de esa actitud. Vera mira rara vez a la gente en los ojos: lo vuelve a notar esa noche cuando propone una alternativa, mirándola en la cara. Los ojos esquivos bajan, se vuelven sobre la persona de Vera como para confirmarla; por fin levanta la mirada mientras que su voz le dice que acepta, que irán adónde ella quiera, con inusitada sumisión.

III

ESTÁ en cama, enferma, o creyendo que está enferma; se
siente débil, le falta el dictamen ajeno que le imponga la enfermedad: la voz y la mirada de su madre. La inteligencia
que tanto alababan en ella, imponiéndosela casi, de poco le
sirve en estos casos, sin esa voz y esa mirada, de poco le sirve
para cuidar a su cuerpo indeciso al que ella no sabe imponerse
como su madre: sí, se siente mal, pero no, no se siente tan mal
como para no estar de pie. Hoy sí —después de su encuentro
con Vera— lo declara enfermo, lo acuesta, quiere dedicarse a
él y descubrirlo. Cuando bajó esta mañana para ver si había
cartas —ceremonia que cumple puntualmente en cuanto se levanta— la portera observó que tenía mala cara y el comentario personal, que en otra ocasión la habría molestado, la satis-
fizo. Sí, está enferma. El termómetro al que acude en cuanto
sube confirma, científicamente, la opinión. Tiene fiebre, vuela
de fiebre, sí, está enferma sin lugar a dudas. Se prepara con
cuidado para la enfermedad, como lo ha hecho en otras ocasiones: baja de nuevo para hacer algunas compras necesarias
(no sabe cuánto tiempo estará enferma), al volver arregla la
casa, lava un mínimo de ropa, pone orden en los papeles que
cubren la mesa. Como siempre que se siente enferma teme
morirse y no quiere que sorprendan en su ausencia la desproli-
jidad que habitualmente disimula, su falta de control. Y como
siempre, cada vez que lo hace, se acuerda de la frase aplicada
a un autor que murió muy joven: "Un hombre desordenado

que está a punto de morir y no lo sabe pone orden a su alrededor". Y como siempre, al recordar la frase, se dice que como ella sí sabe que puede morirse no se morirá, y empieza a encontrar ridículo su ritual de limpieza, que sin embargo cumple. Sólo entonces se acuesta, cediendo al dolor de cabeza, a la opresión del pecho, a la náusea, a las piernas que no la sostienen, las siente como de azúcar que lentamente se disuelve en el agua.

Al acostarse trata de observar esta enfermedad indefinida con lucidez. Pero se dormirá enseguida, con un sueño pesado que ni siquiera le proporciona las imágenes cifradas en las que con frecuencia se lee y que la reconfortan, haciéndole creer que al dormir no ha perdido, del todo, su tiempo. Se despierta de noche, vacía, con la boca seca. Horas antes, cuando el patio al que da su ventana reverberaba con una luz que apenas soportaba, se dejó ir. Ahora abre los ojos en un cuarto sombrío que poco a poco reconoce, en una cama sudada y deshecha. Ha debido de moverse mucho, acaso haya soñado violentamente pero nada le queda, de esa violencia, salvo un cuerpo agotado, más dolorido que cuando se acostó, borracho de sueño espeso y a la vez impotente para la vigilia. Se le ha escapado el día, no sabe qué hora es. Una vez empezó a escribir un cuento sobre un solterón maniático que, después de una noche inesperada y turbulenta, despierta un lunes creyendo que despierta en domingo. Durante unos días, y porque el ritmo de vida que se ha elegido es invariable, no descubre su error. Luego, a medida que lo va invadiendo lo que está afuera —el hombre sale y ve, por casualidad, un periódico; o lo sorprende la actividad de una pescadería en un día jueves—, se entera de lo que ha ocurrido y asume, o se impone, la diferencia. Será viernes pero él vivirá su jueves, para no perder un solo día y porque el paciente trazado que ha urdido para su vida no permite cambios. Allí deja al hombre, en ese cuento inconcluso, sin saber cómo hará él para imponer, a largo término, su ritmo a contracorriente; o cómo hará ella para quebrarle, de una vez por todas, su ritual cotidiano.

Para arrancarse de la cama, para organizarse, deja de lado el recuerdo del cuento, se dice que ha de tener hambre: después de todo no ha comido desde la noche antes. Entonces sí siente hambre, se levanta y de pie, en la cocina, arranca pedazos de pan, sin darse el tiempo de tostarlos, los embadurna con manteca y les añade miel, antes de amontonárselos en la boca y tragarlos con angurria, casi enteros. Come con tanta urgencia que inmediatamente siente dolor de estómago, como si el cuerpo, obligado a comer, se rebelara entero y le devolviera un alimento que no le ha pedido y que se fija, con gusto ácido, en su lengua. En este rechazo de la comida y no en la enfermedad reconoce, sí, a su cuerpo, al cuerpo que hace muchos años se negaba a tragar y que poco a poco aprendió a aceptar lo que se le daba, aunque fuera a destiempo, para poder vivir. A veces, en casas que le toca visitar, recuerda esa alimentación forzada y violenta. Ha visto incluso —no lo puede olvidar— a un chico que lanza y a quien la madre, sosteniéndolo firmemente por la nuca y prohibiéndole el llanto, obliga a comer lo devuelto. Testigo de esa violencia, ella apenas se atrevió a criticar, sintió que doblegaba la cabeza y tragaba lágrimas, rencor y desechos junto con el chico, a quien ni pudo ni supo consolar.

Su primer recuerdo de infancia es de una comida semejante pero menos violenta. Lo repasa una vez más, mientras se prepara un té que aplacará, espera, el desasosiego, un té claro que no la desvele. Por las mañanas jugaba en el jardín, organizaba carreras de bichos cascarudos que había aprendido a respetar: aplastarlos o desmembrarlos significaba un

103

olor pestilente, inolvidable, que quedaba adherido a los dedos, al delantal, a las suelas de los zapatos durante largas horas. La llamaban a almorzar y en ese momento —como ahora— se partía su día en dos: nada recuerda de lo que hacía por la tarde. Le han hablado de la dificultad de esos almuerzos, del llanto de su madre, de su obstinación en no tragar. Ella recuerda particularmente uno, en que se ve sentada en una silla alta. Alguien, quizá su madre, intenta hacerla comer, la imagen se le borra. Sí ve en cambio a Sara, su tía, que para distraerla y facilitar la ordalía que habrán sido todas sus comidas, ha juntado cascarudos del jardín, los ha puesto en un frasco de dulce vacío y, como no encuentra la tapa, cubre la boca del frasco con un limón. Recuerda el color amarillo de ese limón como cree que no recordará color alguno, y también recuerda a los cascarudos que intentaban salir, encaramándose los unos sobre los otros, resbalando por las paredes de vidrio. Supone que mientras miraba habrán logrado darle de comer. Este recuerdo siempre convoca otro, de nuevo el de un almuerzo en la cocina donde ya no está Sara para ayudarla. Le ha dado de comer la niñera y lanza en el momento preciso en que entra su madre. Luisa Miculca —el nombre se le ha quedado grabado como pocos— toma a su madre como testigo, indaga en la masa líquida que cubre el plato térmico, la bandeja de la silla alta, el babero, el piso, y descubre una bolita blanca. Es leche cortada —declara Luisa— devolvió hasta el desayuno. Sin duda la habrán retado una vez más pero ella sólo recuerda esa bolita blanca que le parecía ajena, como un huevo muy pequeño, con la misma nitidez con que recuerda el limón amarillo.

Eran distracciones. Más tarde, cuando coma con sus padres, aprenderá a inventarse otras distracciones mientras traga, para facilitar la incorporación de lo extraño que la desafía desde el plato y que ha de pasar a ser parte suya. Más tarde aún, descubrirá la avidez y la gula, la incorporación indiscriminada como la de esta noche. Del aprendizaje infantil le quedará siempre la necesidad de establecer un rito y un distanciamiento en torno a sus comidas. Todavía ahora, cuando se sienta sola a la mesa, después de haber preparado con cuidado lo que ha de comer, lee mientras come: elige libros de cocina, recetas complicadas que nada tienen que ver con lo que tiene delante, que sabe de antemano nunca intentará.

Ahora bebe el té que, después de las infusiones acres y oscuras que suele prepararse —de minero galés, le decía a menudo Renata—, le parece al principio insulso. Con paciencia redescubre el perfume, el sabor apenas ahumado y noble de las hojas, cuya dosis habitualmente fuerza, como fuerza con impaciencia todas las medidas: las suyas, las de sus interlocutores, las de las personas a quienes quiere, las de lo que escribe. La impaciencia: ya se la ha señalado Renata. Un día, con ánimo ya tranquilo después de una discusión provocada por ella, le dijo que imaginaba lo que habría de ser su único libro, el día que lo escribiese: sería un tratado sobre la intolerancia, del cual su vida entera parecía ser ensayo. Empezaría por la detallada descripción de la impaciencia que despiertan en ella los otros o lo ajeno y culminaría inevitablemente en la revelación de que ella misma no se tolera. Añadía Renata —a quien la idea empezaba a divertir, sabiendo muy bien que a ella la irritaba— que la veía escribiendo ese libro cuando se considerara madura, serena y de vuelta de todo, protegida de los demás. Entonces se encerraría en una casa cercada de paredes altas, guardada por mastines, haría que le dejasen las provisiones en el umbral. Como el misántropo —terminaba Renata— se retiraría a su desierto y como él se sentiría muy virtuosa, muy segura de sí misma, y a la vez sola como un hongo.

Hoy no hacen falta esas fantasías de Renata. Hoy —después de su conversación con Vera, después de lo que Vera le dijo anoche y que por ahora no puede anotar— está completamente sola. Por eso quizá haya necesitado forzar a su cuerpo —único interlocutor que le queda— y mostrarse intolerante con él. Porque si le ha permitido saborear un té, al vaciar la taza ya se impacienta, quiere sacudir a su cuerpo de su apatía, no lo soporta más. ¿Qué remedio darle para volverlo rápidamente a la vida, para eliminar de golpe la opresión que siente desde anoche, la enfermedad que le han contagiado? Querría una solución bárbara (la violencia sería cifra de su eficacia), como aquellos fomentos húmedos de su infancia, calentados con una plancha hirviendo, que ella misma debía sostener contra la garganta que le quedaba roja y arrugada, como el cuello de una mujer vieja que ha tomado demasiado sol. Piensa que en el armario de su baño, abarrotado de medicamentos, tendría que haber una píldora que eliminara la fiebre, que le permitiera respirar, pero no: sabe que habrá de curarse sola. No quiere volver a acostarse, a entregarse, no quiere volver a ausentarse como lo ha hecho hoy, perdiendo el encuadre del tiempo. Se lo permitió al solterón maniático de su cuento cuyo final ignora, pero no se atreve a permitírselo a sí misma.

Esa noche no acostó a su cuerpo, no le dio píldoras, tampoco lo obligó —como llegó a pensar en un momento— a sentarse a la mesa y escribir. Recostada en el sillón, preparándose cada tanto una taza de té siempre liviano, aceptó reconocerlo como un cuerpo que, porque le dolía, reclamaba su atención, una mirada. No la mirada en el espejo, siempre lejana, ni la que se detiene salteadamente y cuando le conviene

106

en una parte de ese cuerpo que aísla para exaltarla. No, por ejemplo, la mirada que registra la curiosa forma de un brazo, no la que mira las uñas rotas, no la que observa que los años ya marcan y cuartean su piel, no la que se reconforta al detenerse en un sexo que aún da y recibe placer. Una mirada distinta que prescinde casi de los ojos: quiso sólo sentirse y reconocerse entera en el cuerpo pesado e inerte que, en cuanto lo atendió, empezó a dolerle menos; quiso instalarse plenamente en esa masa como quien se instala por fin en un dominio al que no creía tener derecho y que, desde siempre, le había pertenecido.

Conserva de esas horas pasadas con su cuerpo, en su cuerpo (y que no se han repetido), la nostalgia del verdadero aplomo que sintió por primera vez. No fue una figuración corporal inestable —como la que practica en general ante otros— sino fue ella. Querría volver a encontrar esa coincidencia exacta, ese equilibrio que ahora traduce con torpeza pero que durante esa noche se dio sin palabras, mantenido por una respiración cada vez más amplia, tranquila, que le permitió por fin dormirse entera.

Pero hoy escribe, y querría escribirse y leerse en un cuerpo: está ahora sola con el suyo, también con la imagen de la que escribe, de la que lee. Las manos de dedos largos que tenía de chica —las ve—, las manos que obligadas tocaban mal el piano e intentaban, aun con menos eficacia, reproducir puntos complicados en pequeños cuadrados de batista, las manos iguales (le decían) a las de su madre, que por fin aprendieron la primacía de una sobre otra: hoy la más fuerte, algo deformada, la no querida izquierda que siempre reconoció, está escribiendo. Atracción por las manos, hoy sólo las suyas: quisiera pensar que son buenas, que apaciguan y dan placer como la mano de una mujer que, una noche en una fiesta, le acarició la cabeza y le tomó el mentón cuando se despidió de ella. Ella la siguió hasta la calle, donde la esperaba un taxi; vio que la mujer, mientras indicaba la dirección, bajaba el vidrio de la ventanilla; se precipita, la mano se tiende hacia ella una vez más diciéndole adiós y ella logra detenerla, apenas, para besarla, mientras arranca el automóvil. Pero Renata le dijo, alguna vez, que tenía manos agresivas. Y hoy le duelen las manos, hunde en ellas un pasado, les pide cuentas, las acusa: son finalmente responsables de encuentros y desencuentros, de lo que tendrían que saber y no saben pero ¿cómo? Olvido de las manos: no lo cree posible. La mano que un día se acercó a Vera, la mano que ya no acaricia a Renata, ahora escribe rechazada, morosa e insegura: avanza para retroceder, enloquece al no encontrar signos ni gestos, teme y no logra construir, practica una larguísima censura, escribe vacía.

De muy chica y porque oiría mal —en el colegio le pedían que cantara sin hacer ruido, para no desentonar— había creído entender que los juegos de manos no eran de villanos sino de australianos. Nada sabía de australianos, salvo que acaso vivían en un tanque de cinc en el que estaba prohibido bañarse, al fondo de una quinta donde pasó algunos veranos. Recuerda que, aterrada por las historias que le habían enseñado a asociar con ese tanque australiano —imaginaba manos que la arrastrarían para siempre al fondo; ella no podía aferrarse a los bordes porque el metal filoso le cortaba los dedos—, buscaba siempre los lugares más secos de esa quinta, se dedicaba a recoger moras, o a arrancar las flores azules y violetas de los cardos. Por alguna razón que no recuerda las arrancaba a la hora de la siesta y las colocaba, con cuidado, en el sombrero de brin blanco que no debía sacarse y que se sacaba en cuanto no la veían. Se recuerda aislada y contenta, sabiendo que todos, dentro de la casa, dormían. Una tarde, sin embargo, se atrevió a acercarse al tanque. Ya había jugado con los cardos y aburrida, sin ganas de armar distracciones que la alejaran del agua, cruzó una huerta, pasó al lado de un gallinero, desdeñó las moras y, con cautela, tocó el borde filoso del tanque; luego, con la misma prudencia, metió la mano derecha en el agua verdosa, después la zurda. No aparecieron australianos, tampoco villanos, no surgieron otras manos. Durante un largo momento no movió las suyas, sumergidas, hasta que se le ocurrió agitarlas, chapotear, jugar con ellas asustando a las viejas de agua y los cucarachones que surcaban la superficie del tanque. Recuerda que hasta se agarró las manos, dentro del agua, como si se saludara, y se sintió muy contenta.

En esa época no tocaba a nadie. Cuando descubrió su sexo, poco más tarde, no entendió bien lo que le ocurría: no sabía si las manos que la acariciaban eran suyas o ajenas. La ceremonia solitaria que cumplía con regularidad era un acto placentero y vacío, a veces violento pero desprovisto de fantasías paralelas, cerrado a la imaginación que suele —le dicen— acompañar esos ejercicios. Ve su mano en su sexo, directamente o en el reflejo de un espejo, como vio sus dos manos que se tocaban bajo el agua del tanque australiano: el contacto la satisface pero ella por fin está desligada, observa en detalle lo que no logra comprender del todo. Como no comprendió del todo cuando sus manos recorrieron por primera vez, curiosas y precisas, el cuerpo de un hombre, el cuerpo de una mujer. No recuerda su propio placer, aunque sin duda lo experimentó; sí recuerda lo que le dijeron, tanto el hombre como la mujer, y en ocasiones muy distintas, de sus manos. Elogios: tenía manos inteligentes, que sabían. Dadivosas, agresivas, solitarias o inteligentes —ahora que las mira, y porque está completamente sola desde su conversación con Vera, se complace en esos calificativos que recuperan un pasado y las hacen existir—, parecen condenadas hoy (sobre todo la izquierda) a apoyarse en un papel, a sostener una lapicera, a trazar palabras. Como si de pronto su vida entera dependiera de estas manos con las que ya no puede acariciar y que hoy tienen que escribir para protegerla.

Refugio de sus manos, a pesar de que las ve una vez más rotas y lastimadas cuando escribe, a menudo manchan con sangre el papel. Con Renata compartía una obsesión que ahora ve reflejada en sus manos, como burla; el miedo de los cuerpos baldados y disminuidos, de las amputaciones y las roturas: la repugnancia ante un muñón, el terror de ver dos partes de un mismo cuerpo —el propio— escindidas y que ya no se podrán juntar. Cuando murieron su padre y Sara —cuando una voz desencajada le anunció esas muertes— supo de veras lo que era una amputación. Mientras arma rápidamente una valija con ropa adecuada para un entierro, mientras vacila entre dos pares de zapatos, renuncia para siempre a la fantasía infantil de la mano cortada que se pega de nuevo al brazo, que vuelve a vivir porque ella quiere que viva. Necesitó escribirle a Renata, días más tarde, y añadió detalles a esas muertes que no había presenciado: dijo que los dos se habían estrellado, que se habían deshecho. No es verdad y no sabe por qué lo dijo. ¿Para perturbarla, para reanudar una complicidad, o para asegurarse, al aumentar la violencia, de que lo que contaba era cierto? Los dos cadáveres estaban compuestos, quizá rehechos, parecían enteros. Sin embargo, cuando se acercó con su madre al cajón de su padre, cuando su madre buscó la mano del muerto, cuando ella oyó un ruido de paja que podía indicar que no había mano, la alejó para protegerla y para salvarse: que no se buscara más. Desde entonces ha soñado mucho con esa mano y con su madre. Están en una sala de espera para ver a un médico. Ve, en el sillón de cuero oscuro y gastado en el que están sentadas, una mano, la mano de su padre, la que no se encontró. Sabe que su madre, enferma, no debe verla ahora e intenta comerla. Mastica, quiere masticar las fibras oscuras, no puede tragar.

Está sola, con sus muertos y sus abandonos; ya no entre cuatro paredes marrón verdoso sino en un sitio arrasado, calcinado, bajo un cielo blanco: un espacio reverberante en el que nunca podrá cerrar los ojos. ¿Cómo acatar las prohibiciones del recuerdo cuando está ante sus manos y dentro de un cuerpo que le devuelve, como un manuscrito desmañanado, corregido y lleno de tachaduras, lo que en él ha inscrito? Podrá modificarlo, decirse que lo modifica, pero bajo lo que añada y lo que tache persistirá la letra primera que no consigue anular.

IV

¿Cómo sacar fuera una violencia, cómo escribirla? Un hombre le dijo una vez que le tenía miedo y se da cuenta ahora de que era una frase trivial, de algún modo un halago. También le habló de su cerrazón, de su excesiva cautela: misterio, decía él. Cuando ella cedió y empezó a hablar, a contar, se sintió disminuida: no hay tal misterio, no lo había habido, sólo una curiosidad por parte del otro que la hace flaquear, cobrar conciencia de sus fallas porque siente que no está contando bien. Ve esa primera vez a su interlocutor que se distrae; ella sigue hablando pero al mismo tiempo no puede dejar de ver la mano del hombre, manchada de nicotina, que se abre y cierra rítmicamente, como si jugara al descuido con su relato inseguro antes de apresarlo. Si ella sólo se hubiera aferrado a sus palabras, habría evitado esa mano, que poco después acabó lastimándola. Tendría que haber buscado los ojos de ese hombre desde el primer instante, retener y seducir su mirada y luego —ya tranquila— defenderse y acaso destrozar a verbo puro. Pero sus agresiones han sido casi siempre púdicas y sus defensas nunca la protegen del todo. El relato que sigue escribiendo, que pretendía narrar para vengarse, resulta inocuo. Pensó registrar una historia vivida, con furia, y ahora continúa por costumbre: engañándose, porque introduce cambios y leves distorsiones; capitulando sin cesar porque la venganza que intentaba no ha alterado en nada la realidad en que vive. Calcar sin piedad, con deliberada exageración, ya no le parece una forma adecuada del ataque y como táctica de defensa empieza a fatigarla. Sin embargo la violencia no ha muerto, se renueva.

Sí, se renueva. Ha debido dejar pasar un tiempo desde su encuentro con Vera. De la conversación nocturna que tuvieron retiene excepcionalmente todo lo que se dijo, las más mínimas entonaciones de las dos voces, la suya y la de Vera, que hablaron y siguen hablando dolorosamente en su cerebro. En cambio recuerda poco o nada del lugar donde por fin se instalaron y en el que pasaron dos horas. Vera y ella, impacientes e intolerantes, las que no tienen tiempo que perder, parecían querer permitirse aquella noche el lujo de una conversación suelta e ilimitada. Fue una ilusión, como lo comprueban las palabras que por fin se dijeron y que no olvida.

Vera necesitaba verla, hablarle de algo, lo sabía. Con afabilidad —una afabilidad temible, diría, al pensar en la Vera conocida, al pensar en ella misma— continúa entre las dos un intercambio no diferente del que había empezado en la casa donde acababan de comer. Ante la falta de terceros, lo que se dicen se vuelve más económico; no dirá, por el momento, más íntimo puesto que hablan desordenadamente de temas generales sobre los que las dos, muy convencidas, tienen mucho que decir. También hablan, evidentemente, de un tema particular: la curiosa coincidencia —de la que ambas se ríen— que hace que esté viviendo ella en el apartamento que fue de Vera, en el lugar donde se conocieron.

Nada se dice de aquella tarde cuando se vieron por primera vez entre estas cuatro paredes. También se evita con cuidado el incidente, o la serie de incidentes, que más tarde las separó y que subyace —lo siente ahora que repasa esas horas con Vera—, como pretexto de la conversación. No será ella quien resucite ese incidente para cambiar el tono de este nuevo encuentro: le llevó mucho tiempo y mucho esfuerzo desprenderse de aquel episodio, enterrarlo. ¿Lo recordará Vera, ahora que la vuelve a ver, como lo recuerda ella, distanciado? Como si se tratara de otra persona y no de sí misma, evoca la humillación que ya ha anotado, la noche en que, desde el cuarto donde la había desplazado Vera, asistió (como cuando espiaba a sus padres pero asumiendo, esta vez, su papel de intrusa) casi palabra por palabra y gesto por gesto a la seducción de un cuerpo nuevo que Vera acababa de descubrir. Piensa también en las sórdidas secuelas de ese incidente, recuerda cómo Vera luego intentó, por celos, vengarse de esa adolescente. Notó que la muchacha empezaba a abandonarla, que la compartía con otros, que ella, Vera, no dominaba por entero; recurrió a la delación, escribió una carta de denuncia a los padres de quien se le escapaba. Sorprendentemente, la carta no era un anónimo; no sabe si atribuir esa sinceridad de Vera a un dolor auténtico o, una vez más, al histrionismo que la llevaba a exponerse para seguir controlando situaciones, aun aquellas en las que desempeñaba un papel ingrato. Vera no le perdonó, y sin duda sigue sin perdonarle, su reacción cuando le contó, entre culpable y jactanciosa, su pequeño desquite; necesitaba que la apoyaran en sus rupturas, le pedía a ella —a quien ya había abandonado— que la justificara. Ella encontró que la reacción era mezquina —un maligno arañazo de amor propio desde un lecho que no quedaría mucho tiempo vacío— y lo dijo. Entonces Vera, con la solemnidad que afectaba a veces, como un chico que quiere tapar las faltas en que lo sorprenden, le retiró su amistad.

La conversación con Vera, esa noche, tomó un rumbo inesperado. Surge de pronto, introducido por Vera (¿y convocado por ella?) el nombre de Renata. Se habla de ella como de una extraña. Sí, es alguien que han conocido las dos hace tiempo, alguien a quien uno ve de vez en cuando. ¿Ella la ve? La pregunta de Vera es tan torpe, tan súbita, que de pronto se da cuenta de que Vera prepara, como en una coda trivial, una nueva aplicación del rencor que conserva contra ella: que está a punto de volver a atacarla en nombre de aquella vieja historia que verterá en nuevos moldes. A su vez, se prepara para el tema: sí, ve a Renata, la ha visto varias veces, hace un tiempo que no la ve. Se hubiera cortado la lengua: la última parte de su declaración marca una grieta, nota que los ojos de Vera la registran inmediatamente —está al tanto de lo que pensó que no sabía— y demasiado tarde procura rescatarla, disimularla. Añade como al descuido que sin duda ha de ver pronto a Renata, intentando mantener el tono ligero que marcaba hasta entonces la conversación, pero Vera aprovecha la grieta observada y nota el esfuerzo con que ha pronunciado la última frase. Allí está el punto débil que ha acechado con paciencia durante la última hora y a él se aferra. Entonces ¿hace tiempo que no la ve? En cambio ella, Vera, sí la ha visto, y hace tan poco, dónde fue, ya casi no recuerda, ah sí por cierto —porque no suelen encontrarse— en un cocktail en casa de gente tan poco interesante, qué raro encontrarla allí a Renata ¿no? Vera demora el relato del encuentro que, insiste, fue casual, en cambio se detiene en los detalles de la casa, de los muebles, de los demás invitados, como si realmente los hubiera observado. Sabe que Vera goza al darle estos datos innecesarios, quizá inventados, y espera con paciencia lo que con evidente placer le está negando, lo que —cuando quiera— le contará: que ha visto a Renata, que ha hablado largamente con ella, que Renata está bien, pero tan bien. Desde hace un tiempo —pero seguramente esto lo sabe también ella, que dice haber visto a Renata no hace tanto— vive con otra persona que verdaderamente la comprende, se diría que están hechas la una para la otra. Nunca ha visto tan contenta, tan serena, a Renata. ¿Conoce ella a esa otra persona? ¿No? Entonces le contará cómo es. Ella escucha, consciente de que no olvidará (aunque lo quisiera) el cúmulo de detalles que le brinda Vera para ver cómo reacciona y hacerle mal. No se puede representar a la mujer de quien le habla, no quiere representársela, no le importa saber dónde ha nacido, qué hace, y si es buena o no con Renata. Para ella es el obstáculo, la persona en quien Renata ha elegido refugiarse desde que se fue de este cuarto, la fuerza cuya existencia presentía y que le ha quitado a Renata. Ante la traición sospechada, ahora confirmada, depone las armas. El nuevo encuentro que le pedía a Renata ya no ocurrirá, renuncia a él. En cambio, con ganas y con furia, se promete un nuevo encuentro con esta Vera que vuelve a herirla. La arrinconará algún día, por última vez, en este cuarto que fue suyo. Está segura de que ese encuentro se dará, trabajará para hacerlo posible, mantendrá el fervor para que se realice.

No podrá ya pedirle nada a Renata, ya no la verá en este cuarto. No sabe decir qué le pedía, qué le exigía, cómo llegó a provocar esa ruptura que sigue sorprendiéndola, qué parte de Renata —sin duda toda Renata— le hace más falta, qué necesitaba de ella. La conversación con Vera hace que acuse, más que nunca y más allá del amor propio herido, un hueco temible, una amputación. Después de la conversación con Vera volvió a su casa como vacía. Le quedaba —todavía le queda— la violencia que respira y que no logra proyectar fuera de ella, como gritos que alguna vez hubiera gritado y que ahora, sin dueño, sin su voz, se vuelven contra ella. Ahora sí sabe que no hay violencia impune. Se acostó enseguida e imaginó a

Renata junto a ella; le pidió antes de dormirse que la abrazara, que la sostuviera. Estaban acostadas en una colina, casi en la cumbre, ella tenía miedo de caerse. Pero Renata no la sostuvo (o ella no supo dejarse sostener por Renata). Cede el abrazo flojo y ella se despeña a lo largo de lo que ya no es una colina sino un acantilado, un muro de piedra vertical. ¿Intentaría retenerla Renata? Ojalá sí pero no lo logra y ella se desploma sin llegar nunca al fondo, sin estrellarse, sin saber adónde va.

Volver —no puede sino volver— a Renata, escribirla ahora que sabe que ya no la tendrá. Arreglará un día cuentas con Vera, no con Renata que está más allá de las cuentas y hoy fuera de su alcance. Sólo quiere que Renata vuelva, promete no tratarla mal: de Vera por fin se ha curado, de Renata no, aunque no la retenga cuando se despeña en sus sueños. Sueño o vigilia: Renata tiende a irse, a aflojar los abrazos, a cerrar (pero no del todo) los ojos. Cada vez que lo hace —o que lo hacía— ella reacciona, avara y desvelada, le promete una violencia futura.

Dureza verbal. Pero ¿cómo no ejercerla contra quien se le ha ido, dejándola tan sola? Cuando Renata venía a verla a este cuarto —cuando vivían menos de la mitad del día juntas, cuando dormían abrazadas en la cama estrecha—, hablaban: armaban un espacio contenido entre estas cuatro paredes y que sólo era de ellas. Pero las palabras parecían existir únicamente en este cuarto y ella insistía, necesitaba más: que Renata hablara de lo que quería callar, de lo que hacía cuando se iba de aquí. Y entonces Renata seguía hablando pero de manera distinta, como juzgada: le traía —como un gato que cree halagar a su dueño depositando a sus pies los restos de una presa— pedazos de historias que ella desdeñaba porque los creía falsos, aunque acaso no lo fueran. En todo caso —verídicos o no— Renata, antes de dárselos, ya había jugado con ellos.

Renata, la siempre disponible, siempre móvil, persigue algo que ella desconoce y que querría fijar, sólo por un momento. Piensa en los castigos a que ha sometido a Renata, en sueños, para corregir lo que ella veía como evasiones. Sueños muy precisos en que la lastima, en que la ve herida; acaso tenga que atravesar esa violencia soñada, que sólo ella conoce, para llegar a la otra, la que se dijo, al comenzar este texto, que quería escribir. Renata, en un sueño, deja caer la cabeza sobre esta mesa en la que escribe, sobre el papel mismo; entonces ella comienza a pegarle, rítmicamente, con una estatuita de bronce que heredó de su padre, una figura de mujer desnuda que por pudor, o por dolor, se cubre la cara con un brazo. (No se separa de esa estatuita.) En otro sueño ve a Renata arrollada, quemada: se ha dormido junto a una chimenea, en sueños se mueve hacia el calor y las brasas le llagan terriblemente la cara y el costado izquierdo.

Hay desdén en lo que escribe sobre Renata. Para entregarse a la furia tiene que acuñar una imagen sin fallas, la imagen del adversario. Pero Renata se le escapa cuando escribe esta furia como se le escapó siempre ¿o será ella quien —por miedo, y queriendo forzarla a una imagen única—, la ha dejado escapar? ¿Y por qué habla de furia en lugar de nombrar lo que verdaderamente siente, el dolor? Quiere rescatar a Renata, recomponerla a toda costa aunque sepa que ya no ha de volver, aunque piense que la ha traicionado. A la Renata que le permitió hablar, a la Renata confidente y cómplice, hasta a la Renata que ella ha armado, en su ausencia, con rabia. Querría recuperar lo que de veras se han dicho, lo que de veras vi-

118

vieron, no los fragmentos manoseados que hoy reemplazan su memoria y se enroscan en su cerebro. Hablaban al principio con confianza; acaso la mejor prueba de que se entendían sea el hecho de que ha olvidado el detalle, el tema preciso de las conversaciones. Los recuerda, sí, desde el momento en que empezó a vigilar, a espiar a Renata.

Ni la niñez ni los sueños —a los que acude como a amuletos, como signos que quizá nunca descifre pero que le permiten seguir adelante— la ayudan a restablecer el lazo con Renata, ya roto. Ha querido, y aún hoy querría saber más de la infancia a la que Renata se aferraba: vivirla —ya que la está recordando— como vivía la de Vera a través de sus relatos. De Renata le quedan recortes de infancia, fragmentos que no llegan a configurar una imagen viva, tan distintos de las deliberadas epifanías que le ofrecía Vera: sólo una enumeración de hechos que ella hurga en vano, tratando de comprender, de encontrar un punto de apoyo, un puente que ponga en contacto esos hechos con los de su propia infancia que tiene siempre presente. (¿Por qué quiere manipular los recuerdos de infancia de Renata? No hacía lo mismo con Vera, no lo ha hecho con otras personas que le han hablado de su infancia.)

De la niñez de Renata le queda una lista de hechos, los que Renata le ha contado, lista en la que nunca había lugar para la mentira, la digresión o el disimulo: las reducidas versiones eran siempre idénticas, como petrificadas. "Eso ya pasó, no te detengas", le dijo una vez a Renata con urgencia. Intentaba corregir, como cuando se miraba en los espejos en los que se había mirado antes Renata; pero Renata se detenía, machacando sin variantes aquellos restos de infancia, siempre los mismos, en los cuales, de algún modo, se veía. Ahora al escribir es ella quien quiere detenerse en esos fragmentos y no lo consigue. De ellos retiene el denominador común: la anomalía, la diferencia, el desasosiego. La entonación ajena del padre de Renata (que ella imagina algo semejante a la del suyo: palabra de desterrado) con la que le enseñó a hablar. La ausencia de una madre poco tranquila, siempre de viaje, por fin la infancia partida en dos por lo que sólo con rodeos se menciona, el nacimiento de una hermana muy distinta, deforme, a la que nunca fue posible querer. También los pájaros, la fobia de Renata por los pájaros: la ha visto detener el automóvil y tocar la bocina para ahuyentar a las palomas que cruzan la calle. La ha visto, en alguna comida, jugar con una perdiz y dejarla casi entera en el plato. ¿Por qué no tolera a los pájaros? Renata le ha explicado que una noche, cuando volvían a su casa después de un largo viaje ella, su padre y su madre (la hermana no había nacido), en pleno verano y con las ventanillas abiertas, se metió una lechuza en el automóvil. Se instaló directamente en el respaldo del asiento de atrás, donde estaba acostada Renata. Gritó; les dijo a sus padres que había entrado un pájaro, que lo veía. Sus padres le aseguraron que no era posible, dada la velocidad, y ni siquiera se dieron vuelta. Renata le ha contado que viajó con la lechuza —con el bulto que veía en el respaldo, con los ojos y el pico que cobraban brillo y forma cada vez que pasaban por un pueblo con faroles— hasta que, poco antes de llegar a la casa, y ya en plena ciudad, la lechuza salió como había entrado, se voló por la ventanilla de atrás. A ese recuerdo se añade el hecho de que la hermana de Renata, enclenque y disminuida, siempre prefirió los pájaros. Jugaba con ellos de chica; cuando murió la madre —cuando Renata volvió a la casa para contar, para ordenar, para regalar impecables pilas de ropa interior nueva a quienes la quisieran y colecciones de zapatos nunca usados— la hermana tenía un loro; lo soltaba en cuanto veía llegar a Renata, que se encerraba, loca de miedo. Hubo una escena más, en la oficina de un abogado, cuando las dos, después de la muerte de la madre, dictaron sus testamentos: Renata legó todo a su hermana; la hermana legó todo al loro. Con dificultad se consiguió que alterara su decisión, convenciéndola de que al loro no le faltaría nada.

¿Por qué está disecando un mundo que no es el suyo? Porque piensa que Renata se aferra al destierro, se aferra también a la infancia, y los transforma en lugares estériles. Desterrada, quiere afianzarse en el alejamiento pero la memoria —porque Renata aún no ha descubierto el aprendizaje, la bendición del olvido— le devuelve lo negado, la abandona a un recuerdo que es condena, como abandonan los dioses a sus héroes, necios y desprotegidos.

Aquí le toca a ella acusar una falla: sabe que Renata siempre quiso reconocer en ella su propia visión y ella, por debilidad, nunca se atrevió a contradecirla. Para Renata el destierro era un lugar, para ella una falta de reposo. Las semejanzas eran pura casualidad: y ella no quería compartir sus ausencias, de miedo a que la arrinconaran. Sus antepasados, su infancia y sus muertos son sólo suyos, no los quiere ceder. Al escribir lo que acaba de escribir sabe que se contradice, porque ha manejado —a medida que ha avanzado en este relato— sus muertos y su infancia. Ella también se aferra —no, no se aferra: escucha su destierro— para que el pasado le dé algo más que un grimorio. Para descifrar lo que ella fue y lo que sigue siendo, para que estallen estas cuatro paredes en las que ha proyectado con indiscreción sus nostalgias y que se han tragado implacablemente sus recuerdos. Paredes porosas y altaneras, ahora sólo le devuelven —ahora que está sola— la pretenciosa textura del género oscuro, viejo y sucio, que ha

121

cumplido su función: paredes mudas y ahítas, donde ha escrito todo, y que pronto habrá que despellejar. La tela manchada, como una piel muerta, acabará en la basura; no habrá nadie que la queme con la ceremonia con que a veces se arrojan al fuego estandartes y banderas demasiado viejos. Ella misma piensa que no lo haría: siempre ha preferido cambiar de piel, no consagrar los desechos.

Borronea con dificultad porque quiere recrear, no disecar, y no lo logra. Quiere volver a unirse porque ahora comprende la unión: acaba de perderla. Quiere remediar la mutilación que siente: sí, como un mutilado siente que todavía es suyo el miembro suprimido que todavía le duele, que se niega a reconocer como amputado, lejano. La han dislocado; la ha abandonado un contrincante, cuyo verdadero nombre sigue ignorando, con una cadera herida y una visión irrecuperable. ¿Cómo anotar, cómo escribir alguna vez la unión salvo en función de la ausencia? ¿Y por qué, si Renata ya no está, se empeña en convocarla, en fabricarla dentro de este cuarto donde la desnuda, pidiéndole una y otra vez lo que ahora sabe que le dio y que no le volverá a dar? Necesita marcarse en ese cuerpo ausente, en esa mente ausente, no olvidarlos como no olvida sus muertes, sus voces, sus pieles. No olvidarlos, y pedirles que no la olviden.

Vivir la soledad. Creía conocerla: se recuerda una noche junto al cuerpo dormido de Renata al que ha debido acostar y que ya no responde, cuerpo que se le ha escapado de las manos balbuciendo que lo cuiden, que es tarde, que tiene mucho sueño. Ella levanta uno a uno esos brazos pesados, desnuda las piernas, habría podido violentar ese cuerpo acariciándolo o lastimándolo —en un sueño ha clavado un cuchillo en una nalga de ese cuerpo yerto: la hoja, serrada, deja un tajo zigzagueante—, pero no lo hizo. *La regarder dormir*: abrumadora letra con la que se describe el placer de contemplar el cuerpo ajeno, el deleite de colmar al yacente. Lo que ve, lo que está mirando con ira y con curiosidad, es un disparatado conjunto bajo una piel tensa. Sí, se recuerda mirando dormir a Renata: odiosa unos minutos antes, cuando se había dejado desvestir, cuando había desvariado obscenamente, ahora se ha entregado al sueño como un niño. La superficie se recompone con tranquilidad; el rostro distorsionado en la vigilia por el alcohol y el cansancio vuelve a encontrar —a ella la sorprende con qué facilidad, con qué placidez, mientras la mira— líneas simples. La boca que durante la primera parte de la noche fue a menudo mezquina, afectada al hablar, ahora descansa: desaparecen las arrugas del labio superior y el labio inferior se hincha. Con ojos siempre entrecerrados, con la mano derecha entre los muslos, Renata se entrega al sueño de los simples dejándola sola, y ella la quiere. Recuerda que esa noche siguió mirándola dormir, que captó el instante preciso —como un instante de muerte— en que la respiración agitada y nasal de Renata se apaciguó, en que ya no se oyó nada más. Volcándose hacia la pared, murmurando palabras finales que no logró descifrar, Renata por fin la abandonó. Entonces ella se levantó y escribió, no sabe si contra esa respiración regular apenas perceptible o a través de su ritmo, en todo caso atenta, aferrándose a ese levísimo rumor con que Renata, sin saberlo, la definía. Sí, se vivió sola en ese momento, pero poco tiene que ver ese recuerdo con la soledad de que habla ahora. No hay un cuerpo dormido en su cama, no hay respiración, por tenue que sea, que la alimente.

Ha evitado hasta ahora, no sabe por qué, las ternuras de Renata. En cambio registró las de Vera: quizás porque fueron escasas. Anotará ahora la compañía de Renata, los abrazos que no la han dejado. Renata consiguió una noche que dejara una navaja con la que se cortaba, fuera de sí misma, mechones de pelo; al arrancársela se tajeó sin querer un dedo, que sangró mucho. El dedo de Renata tardó en curarse, cicatrizó mal, quedó torcido, deformado, debe de estar marcado hasta el día de hoy. El pelo de ella, en cambio, no tardó en crecer. Al recordar ese incidente piensa que Renata conocía muy bien su desorden: el vértigo que procura disimular y que, cuando cede a él, la rompe. Horas después de que Renata le sacara la navaja se acostó; buscó el pecho en el que por fin se durmió esa noche, buscó el brazo que le rodeó la cintura y que la protegió hasta el día siguiente. La mejilla de Renata que se apoyó en la suya, la voz que esa noche la ayudó porque al acostarse aún seguía llorando: las busca pero hoy no están.

Otro recuerdo al que da lugar: volvían a esta ciudad después de un largo viaje, era una tarde al final del verano, se detuvieron en un campo porque tenían sueño. Recuerda el lugar de manera precisa, sabe que lo encontraría aun hoy, que es tal cual lo ve: una colina desde donde veían campos de un verde nítido y muy claro, granjas, algunos bosques. Recuerda que las dos pensaron en lo que les recordaba ese paisaje —no era lo mismo—, que se rieron mucho al bajar del automóvil, que se querían. Recuerda que se acostaron sobre un pasto incómodo, protegidas por una tricota de Renata, que hicieron el amor en ese desierto verde sin límites, que ella luego quiso dormir antes de seguir el viaje. Cuando se despertó, mucho después, Renata la miraba como había mirado antes, con una mirada que no le conocía, el campo. Renata, aquel día no se había dormido, ella sí. Era muy tarde cuando abrió los ojos y se levantó enseguida para que siguieran viaje: los verdes del campo que había visto claros se habían vuelto azules, casi negros. Hacía mucho frío. Y Renata la miraba.

V

PIENSA ahora, a veces, en marcharse de este lugar. Se entretiene con la idea, ya ha pasado varios días entregada a la fantasía que va perfeccionando, como un prisionero que mentalmente lima los barrotes de su celda. Ha contemplado varias posibilidades de fuga, como si no pudiera irse sin escapar a una vigilancia, como si ardiera siempre en este cuarto una lámpara desnuda en medio del techo. Las ha seguido, añadiéndoles itinerarios futuros, incluso —en algunas variantes de la partida que proyecta— cambios de identidad. ¿Quién la estará mirando? Querría dejar detrás sin lástima este teatro —las cuatro paredes ajadas— y a la vez se ve combinando la huida furtiva con una decorosa salida de escena. Combina y complica proyectos de partida, los va dejando día tras día, inventa en la mirada de otros condenas y admiraciones cuando —de veras— no la mira nadie. Y cuando, además, siente que no puede irse.

Se había prometido citarla a Vera en este cuarto, después del último encuentro; se había prometido arrinconarla y vengarse, pero como todo plan que arma con pasión el enfrentamiento que pensaba organizar perdió muy pronto ímpetu. En lugar de una venganza de la que podría gozar vio la empresa, al poco tiempo, como algo fatigoso, como un ejercicio de maldades simétricas que la aburría de antemano. En todo caso: como la cáscara de una serie de movimientos, palabras y actitudes que habían perdido un centro que alguna vez, dentro de ella misma, sintió. Pero fue Vera quien tomó la iniciativa: la llamó esta mañana, muy temprano, cuando apenas estaba despierta, cuando Vera sabía que apenas estaría despierta.

Entre lugar común y lugar común —hay tantos entre ella y Vera— surge la pregunta: ¿piensa quedarse indefinidamente en ese apartamento o piensa mudarse? Porque si se va, continúa Vera —y ella acusa un ataque nuevo, de otro tipo—, quizá a ella le interese volver a tomarlo, es un lugar tan cómodo. Entonces ella, que quiere irse, se niega: no, no se va, dice mientras cava con la punta del lápiz una de las grietas de la mesa que la dueña sin duda jamás notará; no, no se va —dice— mientras siente que vuelven a instalarse a su alrededor los barrotes que ya había limado en su mente, la lamparilla desnuda que había fabricado en el centro del techo húmedo y fisurado de esta celda. Se queda —le repite a Vera— pero si quiere, en algún momento podrán verse. Vera no le da tiempo de elegir el día, el sitio donde habrán de encontrarse; propone, con el atolondramiento amanerado de siempre, que se vean esa misma tarde, que como tiene algo que hacer no lejos de su casa puede pasar a verla, al atardecer, siempre que a ella no le importe. No le importó, Vera vino y hace pocas horas la dejó. El encuentro que ella había deseado con furia, cuya imaginación por fin la había aburrido, se dio hoy sin autor. Es decir, se dio sin la autoridad que ella hubiera querido darle: la suya.

Vera ha estado de nuevo, con ella, en este cuarto. Acaba —casi— de irse. Repasa este encuentro, que sabe último, como cuando, al comenzar a escribir, repasaba su primer encuentro con ella: con la misma minucia con que quería vengarse y con

126

la misma inseguridad. Porque nada de lo que ha escrito sobre Vera —lo que las unió hace tiempo, lo que ella recuerda de esa época, y el nuevo encuentro—, nada de eso coincide con la mujer de quien se ha despedido en el ascensor. Vera sale del cuarto y de ella quedan series aisladas de palabras que existieron sólo cuando Vera las enunció; se componen, sí, en este texto, pero un poco como trapos viejos, el vacío que para ella, ahora, es Vera. Se da cuenta de que al querer citar a Vera en este cuarto donde la conoció quería hacer algo más que vengarse o que lastimarla, algo que las violentara a las dos. Por su parte quería componer para siempre una imagen de Vera, fijarla, completa en su memoria, para luego conservarla o desecharla: almacenarla en un lugar suyo, que controla y al que acaso no vuelva, pero almacenarla entera. Cuando se fue Vera, ella cerró la puerta y se sentó a escribir; comprobó que Vera sin duda ocupará una de sus regiones importantes, pero es una región que posiblemente no visite nunca más, porque no puede unir lo despedazado.

Vera habrá subido a verla (¿y por qué la urgencia, aquella tarde?) como subió ella, la primera vez, a encontrarse con Vera. Acaso haya sentido —como ella, hace unos meses— que pisaba terreno conocido y a la vez ajeno; acaso haya habido desasosiego en Vera, como lo hubo en ella, cuando se dio cuenta de que repetía lo ya vivido y a la vez distinto. Con una diferencia: ella siguió cuidadosamente las indicaciones de un aviso de periódico y sólo al llegar aquí supo que corría el riesgo de la redundancia. Vera hoy, en cambio, provocó deliberadamente la duplicación al venir a verla. (La diferencia que marca, se lo dice a medida que escribe, es poco seria; es decir, la diferencia que señala no existe.)

Vera habrá empujado una puerta que empujó cientos de veces, habrá llamado un ascensor que siempre hay que esperar, que parece anclado permanentemente en el piso más alto y que chirría al bajar con lentitud. Al entrar en él habrá marcado una vez más el cuarto piso, acaso haya leído de nuevo las instrucciones junto al tablero de botones como se leen mecánicamente, en un avión, las prolijas descripciones de los chalecos de salvataje. Ella siempre lo hace. Al salir del ascensor se habrá dirigido, una vez más, a la derecha; acaso habrá visto que el cuero de la banqueta del *palier* está más agrietado que antes, acaso habrá visto que el vidrio esmerilado de la ventana sigue rajado. Y entonces habrá tocado —por primera vez— el timbre de una casa que fue suya y que ya no lo es, la casa donde esta vez ella la esperaba.

Vera entra en este cuarto. Ella se da cuenta, al ayudarla a sacarse el abrigo, de un vacío. Porque Vera no es hoy la seductora: ni el personaje imperioso que le abrió esta puerta hace años, ni el personaje con quien durmió en otra ciudad, ni siquiera el personaje que vio hace poco, maquillado, en aquella comida. Hoy Vera entra en este cuarto y recorre la diagonal mínima que separa la puerta de la cama de bronce en la que se sienta, hoy ella, después de servir dos whiskies, se instala junto a la ventana, a contraluz. Sin intención, sin encono, se ha invertido la posición inicial. Hoy ve a Vera, cara a cara. O más bien: ve la cara de Vera mientras que Vera ve de ella un perfil, una borrosa silueta.

Vera no le habla de literatura, de modas, de personajes: se presentó desprovista de su fachada prestigiosa. Tampoco le habló de amores, recientes o mantenidos por la memoria, ni de desengaños o de odios. Ni siquiera acudió a los recuerdos con los que armaba sus ficciones. Han hablado por primera vez —lo siente— como iguales; han hablado sólo de los meses que compartieron, del recuerdo de una relación que ambas han seguido armando, cada una por su lado y de maneras distintas, a lo largo de los años que siguieron a la separación. Ella revive en esa conversación el desamparo que sintió cuando la abandonó Vera, pero al mismo tiempo se da cuenta, por lo que oye, de que Vera al dejarla por otra mujer —al dejarla por Renata— se sintió, también, despojada. Ha contado en la vida de Vera más de lo que pensaba.

Fue Vera quien sacó el tema: le preguntó si no le importaba que hablaran de esa época. La tutea por primera vez y ella —por primera vez y muy incómoda— tutea a Vera. Por primera vez, además, siente que hay un fondo que las une; se dice con tristeza que siempre ha acusado a Vera de un monólogo que finalmente —a pesar de la asimetría de la conversación, tan intolerable para ella como el sillón al sesgo en casa de Vera— algo tenía de diálogo. Se lo dice, desarmada por la nueva intimidad que ha recreado el tuteo, y por otro lado segura, como nunca se ha sentido ante Vera, del peso de sus palabras. Inesperadamente ha encontrado, junto a esta mujer casi desconocida, un discurso que no busca la agresión y que no se refugia en el mutismo resentido. Dice como nunca ha dicho, sin sentir que la furia y el rencor le cierran la garganta: dice sin premura, dándose tiempo para buscar las palabras que no encuentra fácilmente, como si comprendiera por fin que lo que consideraba una lengua muerta, ajena a ella, es todavía —en el espacio de este cuarto, en el espacio de este encuentro— una lengua viva. Es ella, hoy, quien monologa.

Vera acepta lo que ella le dice. No, no ha olvidado sus propios monólogos y recuerda muy bien el silencio obstinado con que ella respondía. Admite la posibilidad de que esos monólogos fueran intentos de seducir; sí, recuerda la noche en que oyeron *Otello*, la recuerda muy bien. Pero ha retenido esos pedazos, esos resabios de un contacto, de manera muy diferente de la suya. Ella aprende —como si fuera una lección nueva— que los recuerdos son algo más que un juego de solitario, más que una figura que compone, con ayuda de la inteligencia y del azar, un ser único. Sin duda Vera y ella han barajado las mismas cartas de manera diferente, las cartas que hoy aparecen sobre el tapete: al inscribirla a Vera en este relato ella ha usado la misma materia con que Vera, hoy y delante de ella, la evoca con palabras. Porque tampoco Vera ha olvidado el primer encuentro en este cuarto, ni el segundo, en la farmacia de aquella ciudad, meses más tarde, ni la primera noche en que durmieron juntas, ni el paseo al campo cuando, extenuada, dejó caer la cabeza sobre su falda. Recuerda además otros momentos que ella, en su empeño de vengarse y de corregir, había olvidado. Vera recuerda —le dice— haberla querido. Recuerda que una vez, mientras ella dormía profundamente, le besó los labios diciéndole de algún modo adiós para siempre. Vera, con la mirada fija en el fondo del vaso que hace rato ha vaciado, le dice lo que a ella ya no le sirve: que siempre tuvo miedo de quererla.

Vera le propone salir a caminar, recorrer juntas el barrio en que las dos han vivido en épocas distintas. Ya es casi de noche, nos las deslumbra un cielo agresivamente azul, desasosegante, como el que recuerda del primer encuentro, en cambio las envuelve un crepúsculo húmedo y nebuloso. La gente sale del trabajo, se precipita hacia la boca del subterráneo o la parada de autobús más próximas. Hay una cola considerable frente a una panadería; las dos se ríen cuando emiten al mismo tiempo, con casi idéntico tono, la declaración del que se siente dueño del barrio: es la mejor panadería de la ciudad.

Las tiendas de comestibles están repletas por quienes, necesariamente o por capricho, no podrán vivir esa noche sin un pedazo de tal queso, sin perejil, sin dos manzanas. Junto a Vera no se siente vulnerable como cuando salía sola (hace tanto que no sale), no la molesta el roce de los cuerpos apurados, casi no lo nota. Los faroles, que se acaban de encender, están ya empañados.

Siguen hablando de cómo hablaban antes, de monólogos y de silencios. Vera sigue sorprendiéndola al repetirle que sus tiradas, los relatos que armaba para ella, no eran sólo intentos de seducción amorosa como ella había creído. No eran tampoco —aquí Vera le toma el brazo, con urgencia, como para convencerla— espectáculos en que se celebraba a ella misma sino intentos, siempre frustrados, de tocarla: "Tu reserva me atrajo y me halagó al principio, luego la viví como desafío. Te veía ensimismada como un Narciso. Me oías, me mirabas con una mirada fija y vigilante que llegué a no soportar, porque en el fondo siempre sentí que estabas en otro lado, escuchándote. Quise quebrar esa reserva, no confirmarla, y por lo visto me equivoqué". Ella vuelca la mirada hacia la vidriera muy iluminada de una librería, registra títulos. Vera deja de tocarle el brazo. ¿Por qué no habérselo dicho antes? ¿Por qué, cuando hace años le reprochó a Vera sus relatos precipitados e impenetrables, no le habló entonces como le está hablando ahora? Siente, casi palpa, un desperdicio total, un desgaste de energías. Acaso también lo sienta Vera.

Vuelven a este cuarto para que Vera recoja su abrigo antes de irse. Suben juntas en silencio, en el ascensor demasiado estrecho, una vez aquí beben, incómodas, otro whisky. Habría querido contarle a Vera cómo la ha revivido entre estas cuatro paredes en ceremonia solitaria; contarle cómo el Narciso que adivinaba y que había querido desafiar, en efecto se

131

había quebrado; contarle cómo ha pasado semanas, meses, procurando recomponer un rostro perdido, escribiéndose en Vera, escribiéndose en Renata, escribiéndose en sus sueños y su infancia. Siempre registrando, siempre anotándose con minucia, sin lograr del todo darse vida: sin convencerse de su imagen. Habría querido también hacerle preguntas a Vera: preguntarle qué las reunió, en casa de aquella mujer donde volvieron a verse, preguntarle por qué le había hablado de ella a esa mujer, preguntarle sobre todo por qué, después de esa comida, Vera la lastimó hablándole de Renata, de la nueva vida de Renata. ¿Sería para intentar quebrar, una vez más, su fachada de Narciso?

Por pudor no pregunta. De pronto piensa —y la idea la hace temblar— que quizá Vera ha venido a ofrecerse: no a seducirla una vez más sino a reanudar un pasado mal leído por las dos. Se turba, se siente atraída por ese cuerpo que, como la primera vez que durmió con él, está curiosamente en paz, se siente atraída por esa cara que, luego de haber gesticulado, se afloja, pierde las líneas que la marcaban, recupera su forma. Se sienta junto a Vera que bebe y fuma en silencio, recostada en la cama de bronce. No hace lo que siempre quiso hacer y lo que, sabe, ya no hará: dejar caer a su vez la cabeza en esa falda, tomar la mano de Vera —como Vera tomó la suya aquel día— y hacer que recorra, lentamente, una cara que siempre quiso entregarle. Se acuerda de la canción del sauce de Desdémona, se da cuenta de que todo su pasado con Vera, en el que se incluye este instante aunque crea vivirlo de manera distinta, ha ocurrido siempre a destiempo. Incorporándose bruscamente Vera declara que se le ha hecho tarde y recoge su abrigo. Prometen llamarse, vacilan antes de que ella abra la puerta. Con timidez Vera le acaricia el pelo, ella roza torpemente los dedos de Vera y al querer acariciarle a su vez

132

la cabeza ve que las raíces están completamente blancas. Luego oye el chirriar del ascensor que baja mientras se apoya de espaldas en la puerta que acaba de cerrarse. Demasiado tarde se le ocurre que habría podido verla a Vera una vez más, si se hubiera asomado enseguida a la ventana. Pero cuando lo hace el patio está vacío, es ya de noche, y ella se sienta a escribir.

VI

¿Por qué mendiga? Es lo que hizo hace dos semanas, después de despedirse de Vera: la llamó a Renata. Sabe que el
pretexto que dio no fue convincente: acaso lo fuera en sí pero
su voz, que hubiera querido neutra, falló. Se oía hablar. Sabe
que en ciertos momentos de esa conversación torpe hubiera
tenido que imponerse con ironía o con desdén pero no pudo
hacerlo. Y piensa que Renata se dio cuenta.

No, la voz que hubiera querido, que no encontró, habría
sido del todo neutra. Era —esa voz que no fue la suya— indiferente y alejada, cortés. Llamarla a Renata —al número
nuevo que triunfalmente le dio Vera la noche, hace tanto
tiempo, en que comieron juntas— para consultarla sobre una
traducción que ya ha entregado y sobre la cual, de todos modos, Renata no hubiera opinado. Llamarla a Renata para oír
su voz baja, para querer esa voz, para irritarse ante esa voz
distante que juega a seducir, que instintivamente encuentra el
tono cómplice que la engaña y al que ella se abandona por un
momento. Sólo por un momento: al hablar con ella Renata
no está sola, otra persona oye sus palabras. ¿Qué habrán dicho, cuando ella colgó, de su llamado? Piensa que Renata
está armando —tiene que estar armando— una nueva ficción;
ella ocupa ahora un lugar en esa ficción como Vera ocupaba
un lugar en la ficción que ella había armado con Renata. Se
ha transformado en una anécdota, ahora mismo la estarán
contando. La fantasía infantil de la invisibilidad vuelve a visi-

tarla: curiosa, querría espiar a Renata y a su amiga, oír lo que de ella dice Renata, saber de qué manera la denigra para justificar ante la otra mujer el tono cómplice, casi íntimo, con que le ha hablado por teléfono. Querría escuchar esa conversación, anotar los detalles, apoderarse de esa imagen suya que cuenta Renata y destruirla. No quiere que Renata la utilice en una representación de la que ella está ausente.

Renata vino a verla una noche, después de ese llamado, apareció sin anunciarse. No puede olvidar esa visita. Renata estaba muy bella, muy consciente del hecho de que era bella, vestida con ropa ajena, la ropa de la mujer que la trajo en automóvil hasta la puerta de esta casa. Tres horas más tarde volvería a encontrarse con esa mujer en una fiesta a la que ella también había sido invitada y a la que por fin no fue. Con indignación repasa ese encuentro: la tensión, el coqueteo de un cuerpo que para ella, ese día, fue ajeno, manoseado. Observó por su parte gestos nuevos, una mano que nunca había sentido en su pecho izquierdo, recibió besos sabiamente retaceados y tocó un sexo que reclamaba atenciones distintas de las de antes. Mientras se entregaba al nuevo ritual —tendría que haberse negado a volver a tocar ese cuerpo, como tendría que haberse negado a vivir en esta casa habitada—, enumeró los cambios, en voz alta, insultó a Renata. La obligó a decir un nombre privado que no quería decir, que dijo finalmente, aunque ella sabe que en realidad Renata no la nombró. Le buscó la mirada, recordando los ojos claros y entrecerrados, que fingían mirar de frente y en los que ella, a veces, creía, pero la cabeza de Renata se refugiaba en la almohada. Por fin la miró, y ella lloró. Pero Renata se fue justamente a las tres horas, cerró la puerta y no miró para atrás. Esa noche Renata

135

le dijo que no esperaba nada de ella, que nunca había esperado nada. Para no ser menos, le contestó que ella pensaba lo mismo, pero pensó vengarse. La venganza fue torpe y mezquina. Renata la llamó al poco tiempo, otra noche muy tarde, tuvo la sensación de que llamaba sin testigos. (Ella mientras tanto había querido averiguar qué había ocurrido en aquella fiesta: con qué cara había llegado Renata —la adivina impasible— pero no se lo dijeron.) En un momento interrumpió la conversación para bajar la música y deliberadamente fingió hablar con un interlocutor inexistente para que Renata oyera. Renata oyó: se le había endurecido la voz cuando ella volvió al teléfono y eso le dio placer. Después, cuando Renata le preguntó qué estaba escribiendo, le dijo: "un relato sin anécdota". Pero mencionó al pasar la ciudad donde Renata había conocido a Vera y donde la había conocido a ella.

¿Será posible que Renata piense que ella la está escribiendo? Es una pregunta que se ha hecho más de una vez y tiende a creer que sí. De otro modo ¿cómo explicar nuevos llamados de Renata y una visita insólita? Renata, preocupada por la imagen que ella anota, intenta distraerla, comienza a actuar —añade hechos, detalles, conductas— para corregirla. Quiere leerse bien en este relato. Por ejemplo Renata viene a verla una mañana, tranquila, con la cara muy despejada y distinta. Almuerzan, se ríen mucho, hablan como hablaban antes, sin recelo, como si tuvieran la espontaneidad que tenían entonces y que ahora han perdido. Pero ese día sí la tienen y a pesar de su desconfianza —conoce los signos de la mascarada— ella cede a ese contacto renovado.

Renata vuelve a visitarla: varias veces ha entrado en este cuarto, varias veces ha dormido en él. Pero hay cambios, atenciones nuevas: llega con flores, las mismas y del mismo color que las que ha visto en su mesa, las que sabe que prefiere porque ella se lo ha dicho. Hace buena letra —¿y ella qué letra hace? Piensa en sus propios esfuerzos por aprender a dar. Su padre y su tía eran generosos, su madre reticente: no sabía aceptar regalos. Ella decidió, a los diez años —se ve tomando la decisión bajo el sauce llorón—, atacar esa economía materna por la que se sentía tentada y en la que se reconocía, se puso a aprender la generosidad de los otros. Su hermana Clara eligió el camino de la avaricia; ella se impuso una lección que fue dura —la vivió durante mucho tiempo como desafío— pero cree haberla hecho suya.

Con Renata, sin embargo, volvió a una reticencia que no entiende, que sólo comprueba. Funcionaba entre ellas el regalo obvio, cierto alarde dadivoso que cultivaban las dos —aunque de modo distinto— para compensar la falta de imaginación, la inseguridad, el miedo. Recuerda su desconcierto cuando ha querido darle algo a Renata; cuando, al dárselo, ve su cara impávida tras el gesto cortés, se siente impotente porque no sabrá nunca si a Renata le gusta o no lo que le ha regalado, y Renata nunca se lo hará saber: se reserva una zona de predilecciones y rechazos en la que nunca le permitió entrar, zona en la que hoy ve sus regalos —irrisorios, elegidos con desconfianza, no compartidos—, como sobras. Le ha sorprendido volver a ver, mucho después, alguno de ellos, usado o exhibido: no porque fuera regalo de ella, no porque a Renata le hubiera gustado cuando se lo regaló, sino porque Renata descubre tardíamente —por alguien, por algo— que no sólo es aceptable sino que le gusta. Cuando ocurre ese reconocimiento dilatado, traducido, ella se desentiende: desconoce lo que dio porque le parece no haberlo dado. En cuanto a los regalos que le ha hecho Renata, eran y son de una docilidad

137

irreprochable: siempre libros, siempre perfumes, avalados por un autor o una marca que sabe, de antemano, aceptables. Parodia de dádiva, en que el donante se apropia del otro. Una noche ella le habló a Renata de un autor, de un libro nuevo que —dijo— compraría al día siguiente. Lo compró, empezó a leerlo, nunca lo terminó. Tres días después Renata le regaló el mismo libro y se sintió borrada, insignificante: no existían las horas que había pasado leyendo junto a Renata, ni por un momento había mirado lo que leía, el libro que había comprado, el suyo.

Piensa en los regalos que intercambian ahora —o más bien: en los regalos que le trae Renata— mientras ella escribe esta historia. Más complicados que los anteriores —más personales, si se quiere— parecerían querer recuperar un diálogo que se agota, que quizás (como le dijo una vez a Renata en una carta) apenas existió. Para ella esta nueva retórica de los dones pasa por lo que está escribiendo: tanto Renata —esta Renata distinta que la visita— como ella misma están regalando, dando a esta historia, lo que no se han dado antes. Las fresias amarillas que le trae Renata, como las palabras que ella escribe aquí, son signos que se van añadiendo. Pero ella agrega al ceremonial, a esta retórica de dones: a menudo le regala un disco a Renata, con el pretexto de que oiga la voz de una cantante, canciones crueles cuya letra dice de algún modo lo que está escribiendo, reproduce la tensión que hay entre ellas y proclama —con la exageración que ella nunca podrá darles— sus celos. Renata escucha: quizás borre, quizás entienda.

Presiente la curiosidad de Renata por lo que escribe, ya lo ha dicho. Si se siguen viendo surgirán, lentamente, ciertas preguntas pero nunca una pregunta directa y central. Renata sabe que un relato sin anécdota significa, sobre todo, una anécdota que ha sido suprimida. Renata sabe que hay una trama disimulada, un negativo, bajo estas letras. Pero Renata no quiere detenerse en esta trama, como no quiere escuchar el doble mensaje de los discos que ella le regala. Renata —por excesiva fe o por cobardía— se atiene a la palabra y cree en ella. Lo dicho está dicho; y lo que está por decirse —por ejemplo, estas palabras— han de decirse pronto, han de fijarse para que se las pueda olvidar.

¿Por qué inventa, por qué irrita, por qué imagina? Porque acaba de llamarla una vez más Renata; y porque ya no puede pensar que lo que anota no está contaminado. Los llamados de Renata, sus encuentros con ella, desarman lo que escribe, y a la vez lo que escribe llena las pausas entre esos encuentros, llena todas las pausas entre todos lo encuentros. Qué fácil decirlo: con la escritura se ilusiona, se dice que hay una continuidad. Y qué mentira, al mismo tiempo: lo que escribe es una manera de ir tachando para seguir adelante, no sabe hacia qué: a lo mejor hacia algo que ya, desde un principio, ha sido tachado.

La mano —después de esta acumulación de tachaduras— se siente menos incierta. Espera una reunión. Como quien descubre —como quien se toca el cuerpo y se reconoce— sabe hoy que la quiere a Renata y no logra decirlo. Y escribe, y tacha, impaciente.

VII

MADRE, hermana; dificultad de hablar de ellas —Isabel, Clara— cuando habla sin pesar de otras mujeres. En una de las posibilidades que se proponía para esta historia hubiera hablado mucho de su hermana. No sabe bien de qué manera: hubiera querido mantenerla al margen, controlar sus intervenciones en el relato, dejarla en el momento que mejor la recuerda, el de la infancia. Sí, el latigazo que le pegó cuando la vio tan rubia, sí el sexo que veía en la bañadera, sí la Clara de los juegos de muñecas, pero poco más. Con todo, también los sueños, porque Clara vuelve a menudo en sus noches. Más de una vez, cuando dormía con Renata, se ha sorprendido en el momento del alba cuando empieza el insomnio; se despierta porque ha dicho algo, algo que Renata no entiende. ¿Cómo podría entenderlo? Acaba de hablarle a su hermana en un idioma que Renata no habla, acaba de decir el nombre de Clara; Renata con razón se da vuelta y se vuelve a dormir, ella se queda con restos que se esfuman. Algún día rescatará esos fragmentos.

Se siente tentada de hacerlo hoy. Pasa de nuevo una noche casi en blanco, tranquila, acompañada por una música ácida y organizada, que repite sin cesar. El día fue curioso, agotador: lo pasó con Renata, comprobó una vez más que la quiere, comprobó también que se ven ahora de otra manera, sin violencia, que ahora claramente hablan dos lenguajes distintos. No coincidirán nunca en este relato que fue espera, que fue furia, que está cambiando. Esta noche acepta el final de un recorrido con Renata —casi lo acepta— porque prevé el final del camino. Por error suyo, por error de Renata, no va a ningún lado. Antes de la despedida final, que ya planea, habrá —lo sabe— etapas dolorosas. Hoy cree que tendrá fuerzas para vencerlas: las ve como pruebas, ordalías. Pero no quiere adivinarlas, escribirlas, puesto que las vivirá; por eso se refugia en el desdibujado personaje de su hermana, que la reclama, y con quien —ahora lo sabe— siempre quiso dormir.

Escribe de ella con tristeza: la ve tan poco, quizás no la vea más. Hay algo en Clara de lo que quiere defenderse. Piensa en ella esta noche, cuando no duerme, porque de pronto recuerda los insomnios de Clara adolescente, las noches en que se negaba a apagar la luz. Recuerda también su abulia: Clara a los dieciocho años, tirada en la cama, diciéndole que no necesita nada porque no quiere nada. Y ella, aquella noche, sólo atina a tenerle la mano: la quiere mucho, pero no soporta esa figura de desamparo que ya ha visto en su madre, la que se acostaba a dormir ante sus hijas y pedía no despertarse. No, ella tiene que salvarse, pero la siguen visitando estas imágenes, tan presentes. Hay algo también en Clara que hace que en cualquier lugar, en cualquier circunstancia, y a pesar del rechazo, quiera protegerla.

De Clara recuerda esta noche —como de su padre, como de su tía Sara— el humor. Y si es lo mejor que tiene ¿por qué —por cierto— no protegerlo? Sí, recuperar la complicidad de un lenguaje, la organización de visiones en signos privados, finalmente la risa que tanto necesita. Clara, el humor de Clara, la tocan hoy menos: pero rescata la risa tentada que las unía de chicas, la cara descompuesta de risa hasta que encuentra la suya y entonces se arma un pacto: retendrán la risa hasta que se vayan los otros, hasta que las dejen solas, en la

141

mesa donde finalmente comerán —cuando se les antoje— un gajo de mandarina, una uva pelada, o la manzana, rallada en esos ralladores que parecen pescados, que les ha dejado su madre. Entonces la risa explota y las uvas peladas sirven de municiones, expelidas con ruido por la boca: a quién las lanza más lejos, a quién da en el blanco.

Hoy se ha enterado de que la casa donde creció ha sido vendida. No volverá a verla. Quiere decir: no volverá a visitarla mientras escribe, como lo ha hecho hasta ahora, repoblándola a distancia. La recorre como un cuerpo muerto, como miró los cadáveres de sus muertos, como algún día —que espera no demasiado cercano— habrá de ver el cadáver de su madre, un desordenado montón de piedras o de huesos que por fin desmiente la apariencia de un conjunto.

Su primera imagen de esa casa, antes de vivir en ella, a los pocos meses de nacer su hermana: tendría cuatro años, acompañaba sola a su padre que concluía un trámite con los antiguos dueños que estaban por mudarse. Era la hora del té; recuerda un comedor lleno de gente —el mismo que vería luego al mudarse, lleno de otra gente—, recuerda la taza que le dieron (un té chirle) y la tortita seca que desmenuza porque sabe que no la podrá tragar. Mira la chimenea del comedor, se dice que ésta es su nueva casa. Una mujer vieja preside la mesa que recuerda enorme (recuerda también que había muchos chicos, mucho ruido). De pronto la mujer cambia de lugar, cuando la familia empieza a dispersarse, y se sienta al lado de ella. Le habla, hace que olvide la tortita que no puede comer, la lleva al jardín que está delante de la casa: le muestra un jazmín y le pide que se lo cuide. Ella no se lo cuidó porque tenía cuatro años y no sabía cómo cuidar las plantas;

iba a mirarlo, eso sí, hasta que el jazmín del país esmirriado, que probablemente nunca hubiera crecido bien, de pronto desapareció. De haber crecido, hoy llegaría al balcón del cuarto que fue suyo y de su hermana, hasta tocaría la ventana del cuarto de sus padres. Jazmines: hay tantos. Para la infancia los jazmines del país, de flores pequeñas, como el que hubo de cuidar, como el otro que cubría el techo de la casita, al fondo del jardín, donde ella y Clara guardaban sus juguetes. Para después, los jazmines del Cabo, las carnosas flores blancas que siempre mueren bien. Y los otros, de los que todos se olvidan: los jazmines celestes, que apenas huelen —he allí su defecto— pero que tienen el mejor nombre: jazmines del cielo. Enroscados en aquel jardín en un cerco de ligustros, y junto a un ciruelo salvaje.

Querría recomendar algo, no sabe qué, a los nuevos dueños de esa casa en la que no volverá a entrar. Como aquella mujer vieja ha dejado allí cosas, costumbres —como la de evitar el tablón de piso que cruje, entre su cama y la de su hermana— que la casa perderá porque pasará a ser una casa nueva. ¿Cómo pedirle a alguien que la ventana de su cuarto permanezca siempre entreabierta, que no arreglen la falleba de esa celosía que cerraba en falso y que, en cuanto ella se despertaba, le aseguraba que era de día? ¿O decirles que, cerca de una canilla y junto a unas tuyas, en el fondo del jardín, una mañana el jardinero enterró a su perro que agonizó toda una noche, envenenado? ¿O prevenirlos contra un laurel salvaje, también en el fondo del jardín y al lado del cuarto de los juguetes, cuyas hojas, declaradas venenosas por su madre, las enfermaron un sábado por la tarde a ella y a Clara? Aprovechaban la cocina desierta, después del almuerzo: habían inventado un tónico, cuyas virtudes ha olvidado, a base de vinagre, miel y las hojas prohibidas, se llamaba el tónico Delta.

143

Pero los recuerdos, como éste, se le vuelven chatos, patéticos: ha perdido una morada que los recoja y a la vez su memoria los irá perdiendo.

¿Le habrá quedado algo por hacer en esa casa y que no hizo, algo como lo que la persiguió esta tarde, cuando empachada de un pasado incoherente, se acostó a dormir? Dos veces se soñó junto al mar, al final de las vacaciones. Se soñó insatisfecha, con la sensación de haber desaprovechado algo que tenía muy cerca: no se había bañado en el agua que la esperaba, ya era demasiado tarde para bañarse y tenía que emprender un viaje de vuelta. ¿Será eso su infancia? No la sorprende, por otra parte, tener siempre mucha sed. Algo hay que no conoce, si no ¿por qué haber anotado, por sobre todo, la infelicidad? ¿O las ceremonias solitarias en las que se complacía, los juegos que establecía frente a un espejo, frente a su hermana? Las infancias —como ya se ha dicho— son todas un infierno, y el infierno poco tiene que ofrecer: es tan sólo un lugar para las almas pequeñas que se pudren y que sueñan un sueño mezquino.

Ha de desasirse de la morosidad de la infancia que a partir de este momento le parece una práctica vana. Si no ha registrado momentos de felicidad compartida, en su niñez, es porque no los hubo o bien porque ella no supo reconocerlos. Basta ya: intentar recuperarlos, caer en la tentación de rememorar incidentes para luego leerlos de otro modo, es tarea inútil, como es inútil pedirle a otro que los interprete. Por ejemplo: está en el baño, tiene ocho años, está defecando. En la juntura entre dos azulejos, entre el inodoro y el lavatorio, hay dos clavos: en uno hay una argolla dorada con una cinta rosa, en otro una argolla dorada con una cinta celeste. Ella

144

sabe que en cuanto termine habrá de llevar la argolla con la cinta rosa al cuarto de sus padres, que habrá de ponerla en una polvera vacía (que hoy es suya) que tiene su madre encima de su cómoda. Lo mismo había de hacer Clara con su cinta celeste. Así harán llegar un mensaje: es una ceremonia sin palabras, una comunicación indirecta establecida por su madre, a la vez un concurso ¿quién le llevará la cinta antes? Las pocas veces que se ha referido a este rito, en presencia de otros, ha encontrado reacciones negativas: se la privaba a ella, se la privaba a Clara, de un contacto directo consigo mismas. Acaso sea cierto: no sabe y no le importa demasiado. Lo que sí sabe, lo que sí recuerda es el placer de la traducción, la transformación de lo que desechaba en un anillo (para ella de oro), una cinta de seda y una vieja polvera de cristal. Lo que también sabe —y esto le sigue pareciendo importante— es que nunca quiso la cinta rosa, sí la cinta celeste, que hubiera hecho lo impensable para poder llevar, ella, la cinta celeste y depositarla en la polvera de su madre.

Madre, hermana, ella misma: están tan lejos. ¿Qué les pasó a las tres? Tres mujeres con caras tan rotas, casi sin rostro. Por fin el que tuvo cara fue su padre y la que tuvo cara fue Sara, antes de que se murieran y aun muertos, caras hechas para durar, ¿o está imaginando las caras que vio en el cajón para conservar en el pasado lo que no puede conservar en el presente? No se ve con cara propia, no ve a Clara con cara propia, y a su madre sólo logra verla muerta. Entonces, sí, será como siempre la vio. Entonces su madre tendrá, como cuando era joven y antes de que Clara naciera, la piel muy lisa y a la vez muy fuerte, entonces tendrá dos roscas de pelo y la boca chica muy pintada; entonces tendrá manos muy delgadas, esas manos que ella siempre ha querido besar; entonces tendrá pies finísimos, que sólo entregaba a su zapatero, como entregaba sus manos a quien le hacía los guantes; entonces tendrá perlas alrededor del cuello, tendrá un turbante, tendrá una cartera sobre colorada, tendrá guantes negros que se pondrá luego de acariciarla para decirle adiós, tendrá de pronto un perfume que ella no soporta pero que sabe que a su padre le gusta. Todo esto —le dirá a su madre cuando la vea en el cajón— para que habláramos tan poco, para que nos peleáramos a menudo. Todo esto, acaso se lo diga a su madre, que sigue viva, pero se ve sobre todo diciéndoselo cuando esté muerta, cuando ya no la pueda desarmar.

Se ha olvidado de mencionar el perfil de su madre, el que verá, ya algo descarnado, cuando esté muerta: el perfil más altanero que jamás haya visto, y no consigue olvidarlo.

Escribe ahora en la oscuridad. Al hablar de su madre y de su hermana —no al hablar de Vera, no al hablar de Renata— la visión se nubla. Las evoca a las dos, las dos tan lejanas, e inmediatamente se pega (no se le ocurre otra palabra) a los recuerdos que tiene de cada una. No hay deseo, de ningún modo: sí una necesidad de adherirse, de perderse en ellas. Sueños: le da de comer a su madre, le da de comer a su hermana, de pronto se pregunta: ¿por qué es ella quien ha elegido darles de comer, por qué las protege, por qué elige comer ella la mano reseca de su padre para que no la vea su madre? Sueños, una vez más, con su madre, con Clara. Hay un restaurante, en un sueño, que está en París. Precisamente en la calle del rey de Sicilia, y al que lleva a las dos, pero una vez que llegan el restaurante ha desaparecido: las tres están hambrientas y ella no ha encontrado el lugar donde se come tan bien. Otro sueño, también con las dos: les promete un paseo, casi un paseo subterráneo, desconocido de todos, entre dos puntos muy distantes de la ciudad. Cuando llega a la entrada, disimulada entre dos edificios viejos, no consigue abrir la puerta. Como guía —evidentemente— no es demasiado eficaz. Hay algo, hay algo se dice en estos sueños (porque hay muchos más); en estos sueños que sin cesar la hacen visitar ciudades —Amberes, París, Roma, Buenos Aires— donde con su madre, donde con su hermana, recorre espacios sin saber adónde va. En todas hay un punto secreto y ella no lo encuentra.

Ha tenido que mencionar nombres de ciudades. Esto la molesta, pero son parte de sus sueños. Por lo tanto —ahora— dirá todos los lugares. La ciudad nevada donde conoció a Renata y volvió a ver a Vera es la ciudad de Buffalo, en el estado de Nueva York. La ciudad donde volvió a encontrar a Renata y a Vera es París. Y la ciudad donde creció y —si le dieran la elección— volvería a crecer, es la ciudad de Buenos Aires.

Ha dado claves, se siente tranquila. Pero sabe que ha caído en estas revelaciones tardías para no seguir enfrentándose con presencias femeninas, para protegerse de ellas. De pronto la acosan, tremendas, y lo único que puede decirse es: "Yo las convoqué". Y de manera más modesta: "Yo quería —madre, hermana, amante— que estuvieran conmigo, yo no vivo sino por ustedes".

VIII

Emprenderá un viaje, no sabe adónde. Se ha preguntado tantas veces dónde está —dónde es—, se lo seguirá preguntando. La pregunta es trivial y básica: conoce de antemano todas las vueltas, las respuestas reconfortantes. Soy donde fui —o donde no fui—, soy donde seré. No hay declaración que la afirme en un presente, no hay una voz única en la que pueda afirmarse, aun hoy. Y para viajar es necesario saber de dónde se parte.

Se ha soñado una vez más —quisiera decir una última vez— con su padre, también con una mujer que no es su madre. No hay palabras, sólo gestos. Están los tres en el lugar donde estudiaba de chica y de adolescente, apenas un cuarto: más bien un recoveco en el cuarto de vestir de sus padres, en el que leía y hacía los deberes. ¿Por qué —se pregunta a menudo— le destinaron ese lugar? ¿Por qué no hacía los deberes, como su hermana, en el cuarto que compartían? El recoveco sólo era de veras de ella cuando nadie entraba en el cuarto de vestir, cuando sabía que todos dormían. Entonces —tendría quince años— se instalaba allí una hora, a veces dos, para sentirse dueña. La puerta que daba al cuarto de sus padres estaba cerrada, ella cerraba la otra, la que daba al corredor, y por fin estaba tranquila (a veces leía pero en general pensaba) hasta que oía la voz de su madre que la mandaba a la cama. Entonces se iba a dormir al cuarto que compartía con su hermana; Clara a menudo la esperaba, envidiosa y despierta.

Es en ese recoveco donde se ha soñado. Su padre está sentado junto a ella, los dos como alumnos ante un escritorio, y la mujer que no es su madre está de pie, como quien observa —pero sin malicia— lo que están haciendo. Se miran, ella y su padre, no tienen en cuenta la figura de la mujer que está junto a ellos, enorme, muy maquillada, atenta y a la vez displicente. Algo, un gesto de su padre hace que ella, a la vez que está leyendo en voz alta un texto que la aburre, se levante la pollera, aparte el calzón y se toque el sexo. En ese momento, en ese instante de su sueño, encuentra un placer que pocas veces ha alcanzado. Se asusta tanto que sale del cuarto de vestir, se precipita escaleras abajo. Desde el hall adonde da la escalera ve bajar a dos figuras: una, su padre, ya muerto; la otra, un cuerpo decapitado que parece el más fuerte. Luchan los dos con furia, su padre muerto y esta figura que sólo tiene por cabeza un muñón. Lo ve: es una superficie lustrosa y tensa, apenas inclinada, como si la cabeza hubiera sido cortada levemente en diagonal. Ese cuerpo trunco, el cuerpo de la mujer que los miraba, es para ella la locura: querría correr a refugiarse (porque en el sueño se ve muy chica) en brazos de su madre que sin duda la espera arriba pero le vedan la subida esos dos cuerpos que siguen luchando en un rellano. En ese momento se despierta: nunca sabrá si llegó a los brazos de su madre; nunca sabrá quién —si su padre muerto o si la gran mujer decapitada— ganó la batalla.

Diana, de nuevo inasible. Percibida en escorzo entre dos árboles, fugaz y rodeada de penumbra, al acecho; o la otra

149

Diana, de nuevo estática y abrumadora, la que lastrada por sus pechos de piedra se impone, culmina bajo un cielo azul mediterráneo. No puede orientarse ya hacia una o hacia otra, combinando restos o recuerdos que la ayuden en su camino, como lo hubiera hecho antes, porque el pasado ya empieza a dejarla. O más bien: porque ha elegido desasirse de cierta composición de su pasado. Despojada, tantea itinerarios diversos hacia Diana, con el fin de descubrir el suyo. El itinerario que le corresponde. O mejor: el itinerario que reconocerá como propio. Adivina un camino ambiguo entre las dos Dianas, impulsado por aquel vago mensaje de su padre que ella no entiende y tampoco logra desatender. Con Diana, hacia Diana, a través de la multiplicación y de lo contradictorio, quiere verse en una consonancia, en una conjunción buena. Ella también, ella que escribe, surge, como tantos dioses, de un juego de palabras y de lo que las palabras —pesadas como la matrona de Éfeso, huidizas como la cazadora— muestran y esconden. Se ha escrito, a lo largo de este relato, sin nombrarse; se ha fabricado, producto de un adulterio entre ella y sus palabras, y —por fin— apenas empieza a conocerse.

Cuerpos, cuartos ahítos, templos establecidos, palabras rotundas y proféticas, meta de peregrinos: cuerpos, cuartos vacantes, ausencia de lugar de ceremonia y de palabra asentada, pregunta insatisfecha. Así son las dos caras de la Diana que hoy recorre, como si las tocara: como si explorara el cuerpo de Renata, como si fuera la mano de Vera que nunca dio forma a su cara, como si tocara con timidez el cuerpo recién nacido de su hermana, como si quisiera tocar a su madre y a la vez pedirle que la toque, sabiendo que luego habrá de echarla. Para buscarse acude a Diana: receptáculo de múltiples versiones, hay algo de ella en todas. Enumerarla a Diana es enumerarse: leerla, después del sueño en que le llega la voz del padre, es intento de leerse. Cómo querría saber qué le ha dicho su padre —cuya figura física, atesorada desde su muerte, en estas últimas semanas empieza a volverse borrosa— ¿qué le ha dicho para que una parte de ella, o acaso toda ella, exista conforme a esa diosa que se mantiene, furtiva, en este texto?

Sí, de algún modo se ve en los relatos contradictorios que le llegan sobre Diana (pero el hecho de que el mensaje le llegue no por su madre sino por su padre la desconcierta). Sí, como Diana, ella está marcada por la hermandad, por la contigüidad de una figura paralela, la que veía diariamente a la hora del baño. Acaso de chica, como Diana, se habrá sentado una única vez en el regazo de su padre. Diana —cuentan— lo hizo a los tres años; ella sólo sabe que cuando tenía tres años nació su hermana. Acaso entonces le haya pedido algo a su padre, cuando estaba sentada sobre sus rodillas, algo que no recuerda, no habrá sido tan importante. No lo pidió, en todo caso, con la coherencia con que se registran los pedidos de Diana: Diana pedía virginidad perpetua, tantos nombres como los de su hermano Apolo, una corte de ninfas que la atendiera, "y por último cualquier ciudad que quieras darme, aunque con una me bastará porque es mi intención vivir en la montaña la mayor parte del tiempo". Añade, con la singular precisión razonadora con que se suele dotar, en el relato mítico, a dioses y a niños: "Desgraciadamente, me invocarán a menudo las parturientas, puesto que mi madre dio a luz sin dolor, y las Parcas me han transformado en patrona de alumbramientos".

Es como si Diana, cuando contaba esos míticos tres años de niña o de diosa, hubiera conocido ya la duplicidad de lo que era, de lo que llegaría a ser con ayuda de sus devotos. Pide ser móvil, pide ser sola, y sin embargo se espeja en su hermano menor y rival: un hermano a quien, cuenta la leyenda, ayudó a nacer. Pide ser virgen e intocada, y a la vez sabe que —desgraciadamente— se la invocará de modo desplazado, por analogía mágica entre ella y su madre, como diosa de una fecundidad indolora. Y Zeus, su padre, ante esta ambigua declaración y mientras Diana le toca la barba, sonríe con orgullo y admira a su hija, la colma de más dones de los que ha pedido y acaso entonces comete un error. Ella piensa en la generosidad de su propio padre, en lo que le quería dar a ella y no a su hermana; piensa también en lo que ella no sabía aceptar. Pero además piensa en la curiosa generosidad de Zeus: Diana pedía sólo una ciudad —cualquier ciudad— porque no era su intención establecerse en ella. En cambio el padre le ofrece no una sino treinta: no un sitio donde pueda asentarse, si quiere, sino la responsabilidad de una topografía que habrá de organizar, del trazado de líneas que conecten la tierra firme con las islas. La nombra —es un don dudoso— protectora de caminos y de puertos.

Es, de hecho, una dádiva paralizante para quien pedía la libertad y sobre todo diferenciarse de su hermano. Ahora queda fijada, gracias a su padre, en un tránsito sin reposo: la movilidad que quería para ella se vuelve fachada rígida. Los muchos nombres que pedía —tantos como los de Apolo— se vuelven caretas. Diana, dedicada a la virginidad que la vuelve única, intocable, pide además para sí —porque también los dioses piden todo— la pluralidad que configura a su hermano y ese pedido se le otorga, acaso no como lo hubiera imaginado. Desde aquel momento en el regazo de su padre, cuando le tiró de la barba para llamar su atención, Diana rara vez descansa. Y también, rara vez, deja de herir. Demuestra una intransigencia en la que ella se reconoce —reconocerse en una diosa, ¡qué dislate!—, castiga al que se desvía, a la que se desvía de su dictamen: de lo que impone su presencia fluctuante. Más aún: Diana practica con afán venganzas, mutilaciones y metamorfosis. A un hombre, que como su padre intenta sentarla en su regazo, le arranca sin vacilar un mechón de pelo del pecho. Transforma a una niña preñada por su padre —ella, la protectora del alumbramiento— en oso. Y altera y despedaza a quien se atreve a espiarla, sola y desnuda, en el agua.

No le pide justificación a Diana, en cuya violencia solitaria se reconoce. Sí perseguirá esa violencia, la verá como una forma de fecundidad: como una manera de despojarse de lo que ya no coincide con ella y a la vez de tener esos despojos siempre presentes.

Despojos: su padre le ha pedido hace tiempo que vaya a Éfeso, que se pierda en Diana que la hará revivir. Repasa la historia, más bien el sueño: sí, en este cuarto acepta la donación dudosa de su padre, sí, sabe que al decirle Éfeso está rompiendo la geografía apenas nombrada de este relato para llamarle la atención sobre un lugar único al que nunca podrá llegar. ¿Qué le pide? Hoy aceptaría todo. No una ciudad ni treinta, sí un laberinto que se le escapa, por ahora. Trampea —lo sabe— al introducir rastros de la Diana cazadora en el mensaje de su padre. Porque su padre sólo le pide que visite Éfeso, que sus ojos recorran un coloso materno. Los pechos múltiples no son su única distinción, monstruosa. Ostenta más abajo, inmovilizados en lo que podría haber sido una falda y que claramente no lo és, cuerpos de animales fijos —acaso perros, acaso máscaras: no le interesa distinguirlos— incorporados a la figura que, con brazos desplegados, asentada sobre enormes pies, coronada sabiamente por una torre, promete todo, es figura de la generosidad y finalmente no da, no le está dando nada. Salvo, acaso, un desafío.

153

Esta noche lee al Coloso como tiene que leerlo, como sólo puede leerlo ahora. Comprende hoy al que prendió fuego al santuario: acaso para que su nombre no fuera olvidado, quizá también para que otros, después de él, pudieran rebelarse contra la fijeza. La figura estática que con sus brazos extendidos no da nada, la figura de Diana que por fin —con sus numerosos pechos pétreos y estériles— no da sino lo que se quiera poner en ella. Eróstrato no soportó ni la figura ni el templo, nadie sabrá por qué; ella apenas soporta el recuerdo de lo que fue incendiado.

Caer y que con ella se derrumbe este cuarto con todo lo que encierra. Destruirse para poder destruir, camino errado quizás, pero el único que le parece posible. Desdén del coloso femenino; sí, desdén, porque la desafía y no puede ni quiere acercarse a él.

Ahora, a veces, sale. Sólo de noche, porque cuando se hace tarde no sabe cuándo ni cómo acostarse. Sale como para practicar una salida que hará de día, muy pronto, ensaya sus movimientos. Sale cuando en la ciudad quedan pocas luces, cuando todos los bares están cerrados, cuando sólo habrá de mantenerse con el paso acelerado que le permite a esta hora reconocer la ciudad que no eligió pero que de noche hace suya. Sale siempre del mismo modo: diciéndose que al salir tendría que salir para siempre, diciéndose también que podría volver, acostarse e intentar dormir. No hay orden en sus caminatas ni dudas en la elección, sólo la impulsa el deseo de salir de estas cuatro paredes donde ha depositado tanto. Hoy elige el norte, mañana elegirá el sur, importa sobre todo el impulso, no vacilar —no pensar, no analizar, como lo hace arriba en su casa—, largarse a caminar cuadras y cuadras, en una ciudad desolada y en cuanto se cierra detrás de ella la pesada puerta de roble que la separa de la calle. Camina cuadras y cuadras, se detiene de vez en cuando ante una puerta que de día no habría mirado. A veces la ha sorprendido la luz gris de la madrugada, que es lo que más aborrece, muy lejos de su casa, y ha buscado rápidamente, como una actriz vieja a quien descubren sin maquillaje, el refugio de un taxi que la devolverá a estas paredes.

Hay una puerta a la que suele volver: entre volutas, se distingue una mujer y la luna, una mujer enroscada a la luna, es una puerta entre muchas otras que siempre observa al pasar.

IX

QUIÉN se va, quién se fue, quién no se puede ir: quién, por fin, rompe. Lentamente se ha decidido a levantar este cuarto, vuelto inservible, recoge y desecha lo que ha acumulado en él. Desgarra papeles anotados, cartas: lo escrito viaja tan mal. Hoy, además, lavó los vidrios de las ventanas, quiere entregar la casa limpia aunque sabe que en ella quedan rastros suyos. Hay una mancha de agua que aclara la alfombra, hay una mancha oscura en el respaldo del sillón, hay un tajo mucho más marcado en la mesa que le cedieron cuando ella dijo que quería escribir. Cuando se presentó la dueña para cotejar el inventario no notó nada: contó toallas, cubiertos, y sólo al contar un séptimo plato, en lugar de los seis registrados, se sorprendió: no era suyo. Ella la tranquilizó, no necesitaba ese plato de loza vidriada, era un regalo de su parte. La mujer sonríe, mientras sigue contando: "con gente como usted me hago rica". Están de acuerdo en que dejará estas cuatro paredes al día siguiente; la mujer —de nuevo sucia, mal peinada, con anillos muy buenos y retazos de insolencia— promete devolverle un depósito que nunca verá. Ella le asegura que se irá del apartamento antes de las doce, como si fuera un hotel.

Renata había prometido verla ese día y Renata vino, para despedirse. Renata almorzó con ella, y volvió aquí también con ella, Renata —con quien acaba de acostarse— se ha quedado dormida. Las valijas están casi hechas, se sienta por última vez ante la mesa. Pone la radio, el único objeto que todavía no ha encontrado lugar en sus valijas. Surge una música romántica y difícil, surge sobre todo para ella —que se ha levantado de la cama donde ha abrazado a Renata por última vez— de nuevo el deseo. Renata duerme y ella quiere escribir, una vez más, en este cuarto. Decir que la quiere a Renata, decirle: me haces falta. Decirle: Renata, yo estoy en tu cuerpo y por tu cuerpo, como por el mío, hablo. Decirle, recordarle a la Renata que ya no alcanza, su recuerdo, su deseo, lo que no olvida desde la primera vez que se acostó con ella. Decirle lo que ha ido añadiendo en encuentros, en conversaciones, en abrazos, a ese cuerpo que hoy toca por última vez. Decirle: Renata, necesito tocar tus hombros, recorrer tus huesos hasta dar lentamente en los dos hendimientos donde comienza tu cuello. Decirle: necesito que mis manos se detengan, toquen tu cara, acusen la forma de tu mentón. Decirle: Renata, quiero quererte. Pero Renata duerme.

Deja de escribir, mientras sigue atronando la música y mientras Renata duerme, se acerca a la ventana. Al mirar el patio vacío —a esta hora sin chicos ni porteros— se pregunta hasta qué punto contribuye a esta declaración de amor, que sabe cierta, el hecho de que Renata la ha reemplazado por otra persona. El amor propio, se dice como para cauterizar una herida, suele llevar a la exageración. De pie ante la ventana se acusa de mezquindad, se harta de su manía de análisis. Diseca, sí, con la mirada fija en un cuarto de enfrente, iluminado, donde come pacíficamente y con la indiferencia que produce el acostumbramiento, una pareja. Comen como comían sus padres, cuando a ella la habían mandado a la cama y los espiaba desde lo alto de la escalera. Era un rito, hablaban apenas, conocían de antemano las preguntas y las respuestas. Diseca, sí, ante la pantalla que se le presenta desde esta ventana y mientras Renata duerme, adivina los mínimos repro-

157

ches, las discusiones superficiales, la pequeña complicidad que ella nunca ha conocido porque nunca ha vivido con nadie. Diseca —sobre todo— porque se aplica a algo muerto: el contacto con Renata que ya añora, que ya le duele en todo el cuerpo, porque sabe que no volverá a tocarla. Sigue mirando por la ventana, sigue escuchando la música, diciéndose que Renata no está allí, detrás de ella, y que pronto se tendrá que ir. Termina de hacer las valijas, las cierra, despierta a Renata que se despereza como la primera vez que la despertó, con los ojos entrecerrados.

Ya no la besa, ya no hay tiempo. Se va de esta ciudad a otra, y acaso a otra después. Prometen volver a verse, tienen que volver a verse, se dicen mientras Renata la lleva al aeropuerto, mientras ella sabe que Renata —la única mujer a quien ha querido— volverá al lugar que se ha preparado, con otra. No se verán más.

Se instala en el bar del aeropuerto a esperar. Bebería hasta insensibilizarse pero no lo hace. Ha decidido armarse para el ejercicio: no hay alcohol, ni droga, ni tabaco que la ayuden. Se dice que no escribirá de nuevo hasta que vuelva a ver a Renata —o a Vera, o a Clara, o a su madre— pero sabe que es mentira: no volverá a ver a ninguna. Desamparada, se aferra a las páginas que ha escrito para no perderlas, para poder releerse y vivir en la espera de una mujer que quería y que, un día, faltó a una cita. Está sola: tiene mucho miedo.

ÍNDICE

Impreso en el mes de noviembre de 1981
en I. G. Seix y Barral Hnos., S. A.
Carretera de Cornellà, 134-138
Esplugues de Llobregat
(Barcelona)